TRAITÉ ÉLÉMENTAIRE

DE

SCIENCE OCCULTE

TOURS, IMPRIMERIE E. ARRAULT ET Cie, RUE DE LA PRÉFECTURE, 6.

VÉRITABLE LABORATOIRE D'UN ALCHIMISTE
(D'APRÈS KUNRATH)

PUBLICATIONS DE L'ISIS
BRANCHE FRANÇAISE
DE LA SOCIÉTÉ THÉOSOPHIQUE

PAPUS

TRAITÉ ÉLÉMENTAIRE

DE

SCIENCE OCCULTE

METTANT

CHACUN A MÊME DE COMPRENDRE
ET D'EXPLIQUER LES THÉORIES ET LES SYMBOLES
EMPLOYÉS PAR LES ANCIENS, PAR LES ALCHIMISTES, LES
FRANCS-MAÇONS, ETC., ETC.

AVEC PLANCHES

« Concilier la profondeur des vues
théoriques anciennes avec la rectitude
et la puissance de l'expérimentation
moderne. »   (Louis Lucas.)

PARIS
GEORGES CARRÉ, LIBRAIRE-ÉDITEUR
58, Rue Saint-André-des-Arts, 58
Ci-devant, 112, boulevard Saint-Germain, 112
1888
Tous droits réservés

PRÉFACE

Il n'existe pas en France de traité élémentaire de Science occulte. Les gens qui veulent se livrer à ce genre d'études sont contraints de puiser les éléments de leurs connaissances dans divers auteurs qui n'ont écrit généralement que pour une classe restreinte de lecteurs ; tels sont Agrippa Ragon, Eliphas Levi, etc.

J'ai voulu réunir en un petit volume les éléments indispensables à connaître pour lever les voiles étendus sur les écrits des alchimistes, des Kabbalistes et sur les symboles que nous a légués l'antiquité. Je me suis efforcé de prouver, malgré des préjugés trop répandus, que la Science occulte avait une existence réelle, qu'elle composait un corps de doctrines ayant ses fondements bien établis, sa méthode et ses applications pratiques et, pour cela, je me suis, autant que possible, appuyé sur de nombreuses citations. Puissé-je montrer à tous que la Science occulte n'est pas cet ensemble de vagues rêveries qu'on se figure d'après son nom et par là grossir la liste des milliers de membres qui, des cinq parties du monde, sont venus se ranger autour de la bannière arborée par la Société théosophique dont la devise synthétique et antisectaire peut se résumer en ces mots :

Il n'y a pas de Religion plus élevée que la Vérité.

PAPUS,
Membre de la Société Théosophique.

CHAPITRE PREMIER

LA SCIENCE DE L'ANTIQUITÉ. — LA VISIBLE MANIFESTATION DE L'INVISIBLE. — DÉFINITION DE LA SCIENCE OCCULTE.

On a peut-être aujourd'hui trop de tendances à confondre la Science avec les Sciences. Autant l'une est immuable dans ses principes, autant les autres varient suivant le caprice des hommes ; ce qui était scientifique il y a un siècle, en physique par exemple, est bien près de passer maintenant dans le domaine de la fable (1), car ces connaissances sur des sujets particuliers constituent le domaine des sciences, domaine dans lequel, je le répète, les seigneurs changent à chaque instant.

Nul n'ignore que ces sujets particuliers sont justement ceux sur qui s'est portée l'étude des savants modernes, si bien qu'on applique à la Science les progrès réels accomplis dans une foule de branches spéciales. Le défaut de cette conception apparaît cependant quand il s'agit de tout rattacher, de constituer réellement la Science dans une synthèse, expression totale de l'éternelle Vérité.

Cette idée d'une synthèse embrassant dans quelques lois immuables la masse énorme des connaissances de détail accumulées depuis deux siècles, paraît aux cher-

(1) Le phlogistique, par exemple.

cheurs de notre époque se perdre dans un avenir tellement éloigné que chacun souhaite à ses descendants d'en voir poindre le lever à l'horizon des connaissances humaines.

Nous allons paraître bien audacieux en affirmant que cette synthèse a existé, que ses lois sont tellement vraies qu'elles s'appliquent exactement aux découvertes modernes, théoriquement parlant, et que les Egyptiens initiés, contemporains de Moïse et d'Orphée, la possédaient dans son entier.

Dire que la Science a existé dans l'antiquité, c'est passer auprès de la plupart des esprits sérieux pour un sophiste ou un naïf, et cependant je vais tâcher de prouver ma paradoxale prétention et je prie mes contradicteurs de me prêter encore quelque attention.

Tout d'abord, me demandera-t-on, où pouvons-nous trouver quelque trace de cette prétendue science antique? Quelles connaissances embrassait-elle? Quelles découvertes pratiques a-t-elle produites? Comment apprenait-on cette fameuse synthèse dont vous parlez ?

Tout bien considéré, ce ne sont pas les matériaux qui nous font défaut pour reconstituer cette antique science. Les débris de vieux monuments, les symboles, les hiéroglyphes, les rites des initiations diverses, les manuscrits se pressent en foule pour aider nos recherches.

Mais les uns sont indéchiffrables sans une clef qu'on se soucie fort peu de posséder, l'antiquité des autres (rites et manuscrits) est loin d'être admise par les savants contemporains qui les font remonter tout au plus à l'Ecole d'Alexandrie.

Il nous faut donc chercher des bases plus solides et nous allons les trouver dans les œuvres des écrivains antérieurs de beaucoup à l'Ecole d'Alexandrie, Pythagore, Platon, Aristote, Pline, Tite-Live, etc., etc. Cette fois il n'y aura plus à chicaner sur l'antiquité des textes.

Ce n'était certes pas une chose facile que de rechercher cette science antique pièce à pièce dans les auteurs anciens, et nous devons toute notre reconnaissance à ceux qui ont entrepris et mené à bonne fin cette œuvre colossale.

Parmi les plus estimables il faut citer Dutens (1), Fabre d'Olivet (2), Saint-Yves d'Alveydre (3).

Ouvrons le livre de Dutens et nous allons voir les effets produits par la science antique ; lisons Fabre d'Olivet et Saint-Yves d'Alveydre et nous allons pénétrer dans les temples d'où rayonne une civilisation dont les productions étonneraient les prétendus civilisés modernes.

Je ne puis dans ce chapitre que résumer ces auteurs et c'est eux qu'il faudra consulter pour vérifier les affirmations que je vais produire et dont ils fournissent les preuves nécessaires.

En Astronomie les anciens connaissaient la marche de la Terre autour du Soleil (4), la théorie de la pluralité

---

(1) Dutens, *Origine des Découvertes attrib. aux Modernes*, 1825, 2 vol. in-8.
(2) Fabre d'Olivet, *Vers Dorés de Pythagore. Histoire philosophique de l'humanité.*
(3) Saint-Yves d'Alveydre, *Mission des Juifs*, ch. IV.
(4) Dutens, chap. IX.

des mondes (1), de l'attraction universelle (2), des marées produites par l'attraction lunaire (3), de la constitution de la voie lactée et surtout la loi redécouverte par Newton. A ce propos, je ne puis résister au plaisir de citer deux passages très significatifs tirés de Dutens. L'un, sur l'attraction universelle ; est de Plutarque, l'autre sur la loi des carrés, est de Pythagore :

« Plutarque, qui a connu presque toutes les vérités brillantes de l'astronomie, a aussi entrevu la force réciproque qui fait graviter les planètes les unes sur les autres, « et, après avoir entrepris d'expliquer la raison de la tendance des corps terrestres vers la terre, il en cherche l'origine dans une attraction réciproque entre tous les corps qui est cause que la terre fait graviter vers elle les corps terrestres, de même que le soleil et la lune font graviter vers leurs corps toutes les parties qui leur appartiennent et, par une force attractive, les retiennent dans leur sphère particulière. » Il applique ensuite ces phénomènes particuliers à d'autres plus généraux et, de ce qui arrive sur notre globe, il déduit, en posant le même principe, tout ce qui doit arriver dans les corps célestes respectivement à chacun en particulier, et les considère ensuite dans le rapport qu'ils doivent avoir, suivant ce principe, les uns relativement aux autres.

« Il parle encore dans un autre endroit de cette force

---

(1) Dutens, ch. vii.
(2) Id., ch. vi.
(3) Id., ch. xv.

inhérente dans les corps, c'est-à-dire dans la terre et dans les autres planètes pour attirer sur elles tous les corps qui leur sont subordonnés (1). »

« Une corde de musique, dit Pythagore, donne les mêmes sons qu'une autre corde dont la longueur est double, lorsque la tension ou la force avec laquelle la dernière est tendue est quadruple; et la gravité d'une planète est quadruple de la gravité d'une autre qui est à une distance double. En général, pour qu'une corde de musique puisse devenir à l'unisson d'une corde plus courte de même espèce, sa tension doit être augmentée dans la même proportion que le carré de sa longueur est plus grand et, afin que la gravité d'une planète devienne égale à celle d'une autre planète plus proche du soleil, elle doit être augmentée à proportion que le carré de sa distance au soleil est plus grand. Si donc nous supposons des cordes de musique tendues du soleil à chaque planète, pour que ces cordes devinssent à l'unisson, il faudrait augmenter ou diminuer leur tension dans les mêmes proportions qui seraient nécessaires pour rendre les gravités des planètes égales. » C'est de la similitude de ces rapports que Pythagore a tiré sa doctrine de l'harmonie des sphères (2). »

Ce sont là des découvertes générales que la force de l'esprit pouvait suffire à faire atteindre; mais peut-on montrer chez les anciens les découvertes expérimentales, les gloires du XIXe siècle et les preuves du Progrès qui nous entraîne?

(1) Dutens, I, p. 160, *De facie in orbe lunæ* (Plutarque).
(2) Dutens, pp. 167-168, *Loi du Carré des distances* (Pythagore).

Puisque nous sommes dans l'Astronomie, consultez Aristote, Archimède, Ovide et surtout Strabon cité par Dutens (1) et vous allez voir apparaître le Télescope, les Miroirs concaves (2), les verres grossissants servant de Microscopes (3), la réfraction de la lumière, la découverte de l'Isochronisme des vibrations du Pendule (4), etc.

Vous serez sans doute étonné de voir ces instruments, qu'on croit vulgairement si modernes, connus des anciens ; mais vous m'accorderez encore cela.

Je n'ai pas encore parlé des questions les plus importantes :

La Vapeur, l'Electricité, la Photographie et toute notre Chimie où sont-elles dans la science antique ?

Agathias vivait au vi^e siècle de notre ère. Il a écrit à cette époque un livre qui fut réimprimé en 1660 (5). Vous trouverez aux pages 150 et 151 de son livre la description complète de la façon dont Anthème de Tralle se servit de la vapeur comme force motrice pour déplacer un toit tout entier. Tout y est : la manière de placer l'eau, de boucher les issues pour produire la vapeur à haute pression, de gouverner le feu, etc., etc.

Saint-Yves d'Alveydre cite aussi le fait dans son ouvrage (6) où il nous montre que la science était connue depuis bien longtemps à cette époque.

---

(1) Chap. x.
(2) Chap. viii, t. II.
(3) Chap. ix, t. II.
(4) Chap. vi, t. II.
(5) Agathias, *De rebus justinis*, Paris, 1660, in-fol.
(6) Chap. iv.

Nos électriciens feraient bien triste mine devant ces prêtres égyptiens et leurs initiés (grecs et romains) qui maniaient la foudre comme nous employons la chaleur et la faisaient descendre et tomber à leur gré. C'est Saint-Yves qui va nous montrer la mise en œuvre de ce secret qui constituait une des pratiques les plus occultes du sanctuaire.

« Dans l'*Histoire ecclésiastique de Sozomène* (liv. IX, ch. vi) on peut voir la corporation sacerdotale des Etrusques défendant à coups de tonnerre, contre Alaric, la ville de Narnia qui ne fut pas prise (1). »

Tite-Live (liv. I, chap. xxxi) et Pline (*Hist. nat.*, liv. II, chap. liii, et liv. XXVIII, chap. iv), nous décrivent la mort de Tullus Hostilius voulant évoquer la force électrique d'après les rites d'un manuscrit de Numa et mourant foudroyé pour n'avoir pas su prévoir le choc en retour.

On sait que la plupart des mystères parmi les prêtres égyptiens n'étaient que le voile dont ils couvraient les sciences et qu'être initié dans leurs mystères était être instruit dans ces sciences qu'ils cultivaient. De là on donnait à Jupiter le nom d'Elicius ou Jupiter électrique, le considérant comme la foudre personnifiée, et qui se laissait attirer sur la terre par la vertu de certaines formules et pratiques mystérieuses ; car *Jupiter Elicius* ne signifie autre chose que Jupiter susceptible d'attraction, Elicius venant d'*elicere*, suivant Ovide et Varron (2).

---

(1) *Miss. des Juifs*, chap. iv.
(2) Dutens, t. I, p. 275.

Eliciunt cœlo te, Jupiter; unde minores
Nunc quoque te celebrant, Eliciumque vocant.

(Ovid., *Fast.*, liv. III, v. 327 et 328).

Est-ce assez clair ?

Le chapitre IV de la *Mission des Juifs* nous apprend encore que :

« Le manuscrit d'un moine de l'Athos, Panselenus, révèle, d'après d'anciens auteurs ioniens, l'application de la chimie à la photographie. Ce fait a été mis en lumière à propos du procès de Niepce et de Daguerre. La chambre noire, les appareils d'optique, la sensibilisation des plaques métalliques y sont décrits tout au long. »

Quant à la Chimie des anciens, j'ai de fortes raisons de croire, d'après mes quelques connaissances alchimiques, qu'elle était de beaucoup supérieure théoriquement et pratiquement à notre Chimie moderne. Mais comme il faut citer des faits et non des opinions, écoutez encore Dutens (chap. III du tome II).

« Les anciens égyptiens connaissaient la façon de travailler les métaux, la dorure, la teinture de la soie en couleurs, la verrerie, la manière de faire artificiellement éclore des œufs, d'extraire les huiles médicinales des plantes et de préparer l'opium, de faire la Bière, le Sucre de canne, qu'ils appelaient Miel des Roseaux, et beaucoup d'onguents ; ils savaient distiller et connaissaient les alcalis et les acides. »

« Dans Plutarque (*Vie d'Alexandre*, chap. XXIX), dans Hérodote, dans Sénèque (*Questions naturelles*, liv. III, chap. XXV), dans Quinte-Curce (liv. X, chap. dernier), dans Pline (*Histoire Naturelle*, liv. XXX, chap. xvi), dans Pausanias (*Arcad.*, chap. xxv) on peut retrouver nos acides, nos bases, nos sels, l'alcool, l'éther, en un mot les traces certaines d'une chimie organique et inorganique dont ces auteurs n'avaient plus ou ne voulaient pas livrer la clef. »

Telle est l'opinion de Saint-Yves venant renforcer celle de Dutens.

Mais il reste encore une question : c'est celle des Canons et de la Poudre.

« Porphyre, dans son livre sur *l'Administration de l'Empire*, décrit l'artillerie de Constantin Porphyrogénète.

« Valerianus, dans sa *Vie d'Alexandre*, nous montre les canons de bronze des Indiens.

« Dans Ctésias on retrouve le fameux feu grégeois, mélange de salpêtre, de soufre et d'un hydrocarbure employé bien avant Ninus en Chaldée, dans l'Iran, dans les Indes sous le nom de Feu de Bharawa. Ce nom qui fait allusion au sacerdoce de la race rouge, premier législateur des noirs de l'Inde, dénote à lui seul une immense antiquité.

Hérodote, Justin, Pausanias parlent des mines qui engloutissent sous une pluie de pierres et de projectiles sillonnés de flammes, les Perses et les Gaulois envahisseurs de Delphes.

« Servius, Valérius Flaccus, Jules l'Africain, Marcus Grœcus décrivent la poudre d'après les anciennes traditions ; le dernier donne même nos proportions d'aujourd'hui. » (Saint-Yves d'Alveydre.)

Dans une autre branche de connaissances, nous voyons les prétendues découvertes médicinales modernes, entre autres la circulation du sang, l'anthropologie et la biologie générale, parfaitement connues de l'antiquité (1), et surtout d'Hippocrate.

On peut à la rigueur admettre ce que vous avancez, me direz-vous, car à chacune de nos nouvelles découvertes, il se trouvera toujours quelqu'un pour montrer que tel vieil auteur en parlait plus ou moins ; mais y a-t-il quelque expérience que nous ne possédions plus, quelque phénomène physique ou chimique dont la production nous serait impossible ?

Là encore il y aurait une foule de choses à citer ; mais, pour ne pas vous fatiguer plus longtemps, je vous nommerai seulement Démocrite et ses découvertes perdues pour nous ; entre autres la production artificielle des pierres précieuses ; la découverte égyptienne de l'art de rendre le verre malléable, celle de conserver les momies, de peindre d'une manière inaltérable en trempant une toile enduite de divers vernis dans une seule solution d'où elle ressortait revêtue de couleurs variées, sans parler des produits employés par les Romains pour leur architecture.

Pourquoi tout cela est-il si peu connu ?

Peut-être à cause de l'habitude qu'ont les auteurs classiques d'histoire de se copier mutuellement sans se préoccuper des travaux étrangers à la question qui les intéresse ; peut-être par l'habitude du public de ne

Dutens, t. II, chap. i ; Saint-Yves, chap. iv.

croire qu'en ses journaux qui ne croient qu'aux encyclopédies faites Dieu sait comme ; peut-être... mais pourquoi perdre le temps à chercher des causes dont la connaissance n'avance à rien ? Le fait existe, et cela nous suffit, la science de l'antiquité a donné de son existence des preuves multiples et il faut y croire ou nier à tout jamais le témoignage des hommes.

Il nous faut maintenant savoir où l'on apprenait cette science et pour cela la *Mission des Juifs* va derechef nous être utile (page 79) :

« L'éducation et l'instruction élémentaires étaient, après la callipédie, données par la Famille.

« Celle-ci était religieusement constituée selon les rites de l'ancien culte des Ancêtres et des Sexes au foyer, et bien d'autres sciences qu'il est inutile de nommer ici.

« L'éducation et l'instruction professionnelles étaient données par ce que les anciens Italiens appelaient la *gens* et les Chinois la *jin*, en un mot par la tribu, dans le sens antique et très peu connu de cette expression.

« Des études plus complètes, analogues à notre Instruction secondaire, étaient le partage de l'adulte, l'œuvre des temples, et se nommaient Petits Mystères.

« Ceux qui avaient acquis, au bout d'années quelquefois longues, les connaissances naturelles et humaines des Petits Mystères prenaient le titre de Fils de la Femme, de Héros, de Fils de l'Homme et possédaient certains pouvoirs sociaux, tels que la Thérapeutique dans toutes ses branches, la Médiation auprès des gouvernants, la Magistrature arbitrale, etc... etc...

« Les Grands Mystères complétaient ces enseignements par toute une autre hiérarchie de sciences et d'arts, dont la possession donnait à l'initié le titre de Fils des Dieux, de Fils de Dieu, selon que le temple n'était pas ou était métropolitain et, en outre, certains Pouvoirs sociaux appelés sacerdotaux et royaux. »

C'est donc dans le Temple que se trouvait renfermée cette science dont nous avons d'abord cherché l'existence et que nous allons maintenant poursuivre de plus en plus près. Nous sommes parvenus à ces mystères dont tous parlent et que si peu connaissent.

Mais pour être admis à subir ces initiations fallait-il être d'une classe spéciale, une partie de la nation était-elle forcée de croupir dans une ignorance exploitée par les initiés recrutés dans une caste fermée ?

Pas le moins du monde : tout homme, de quelque rang qu'il fût, pouvait se présenter à l'initiation et, comme mon affirmation pourrait ne pas suffire à quelques-uns, je renvoie à l'ouvrage de Saint-Yves pour le développement général et je cite un auteur instruit entre tous dans ces questions, Fabre d'Olivet, pour élucider ce point particulier :

« Les religions antiques, et celle des Egyptiens surtout, étaient pleines de mystères. Une foule d'images et de symboles en composaient le tissu : admirable tissu ! ouvrage sacré d'une suite non interrompue d'hommes divins, qui, lisant tour à tour, et dans le livre de la Nature et dans celui de la Divinité, en traduisaient en langage humain le langage ineffable. Ceux dont le regard stupide, se fixant sur ces images, sur ces symboles, sur ces allégories saintes, ne voyaient rien au delà, croupissaient, il est vrai, dans l'ignorance ; mais leur ignorance était volontaire. Dès le moment qu'ils en voulaient sortir, ils n'avaient qu'à parler. Tous les sanctuaires leur étaient ouverts ; et s'ils avaient la constance et la vertu nécessaire, rien ne les empêchait de marcher de connaissance en connaissance, de révélation en révélation, jusqu'aux plus sublimes découvertes. Ils pouvaient, vivants et humains, et suivant la force de leur volonté, descendre chez les morts, s'élever jusqu'aux Dieux, et tout pénétrer dans la nature élémentaire. Car la religion embrassait toutes ces choses ; et rien de ce qui composait la religion ne restait inconnu au souverain pontife. Celui de la fameuse Thèbes égyptienne, par exemple, n'arrivait à ce point culminant de la doctrine sacrée, qu'après avoir parcouru tous les grades inférieurs, avoir alternativement épuisé la dose de science dévolue à chaque grade, et s'être montré digne d'arriver au plus élevé.

. . . .

« On ne prodiguait pas les mystères parce que les mystères étaient quelque chose ; on ne profanait pas la connaissance de la Divinité, parce que cette connaissance existait ; et pour conserver la vérité à plusieurs, on ne la donnait pas vainement à tous (1). »

Quelle était donc l'antiquité de ces mystères ?
Quelle était leur origine ?
On les retrouve à la base de toutes les grandes civilisations antiques, à quelque race qu'elles appartiennent.

---

(1) Fabre d'Olivet, *la Langue hébraïque restituée*, p. 7, 2ᵉ vol.

Pour l'Egypte seule dont l'initiation a formé les plus grands hommes hébreux, grecs et romains, nous pouvons remonter à plus de dix mille ans, ce qui montre assez combien sont fausses les chronologies classiques.

Voici les preuves de cette assertion :

« S'agit-il de l'Egypte (1) ?

« Platon, initié à ses mystères, a beau nous dire que dix mille ans avant Menès a existé une civilisation complète, dont il a eu les preuves sous les yeux ;

« Hérodote a beau nous affirmer le même fait tout en ajoutant, lorsqu'il s'agit d'Osiris (Dieu de l'ancienne Synthèse et de l'ancienne Alliance Universelle), que des serments scellent ses lèvres et qu'il tremble de dire mot ;

« Diodore a beau nous certifier qu'il tient des prêtres d'Egypte que, bien avant Menès, ils ont les preuves d'un état social complet, ayant duré jusqu'à Horus dix-huit mille ans ;

« Manethon, prêtre égyptien, a beau nous tracer, rien qu'à partir du seul Menès, une chronologie consciencieuse nous reportant six mille huit cent quatre-vingt-trois ans en arrière de la présente année ;

Il a beau nous prévenir qu'avant ce souverain vice-roi indien plusieurs cycles immenses de civilisation s'étaient succédé sur la terre et en Egypte même ;

« Tous ces augustes témoignages, auxquels on peut ajouter ceux de Bérose et de toutes les bibliothèques de l'Inde, du Thibet et de la Chine, sont nuls et non avenus pour le déplorable esprit de sectarisme et

---

1) Saint-Yves d'Alveydre, *Mission des Juifs*, p. 95.

d'obscurantisme qui prend le masque de la Théologie.

Arrivés en cet endroit de nos recherches, jetons un coup d'œil d'ensemble sur les points que nous avons abordés et voyons les conclusions auxquelles il nous est permis de nous arrêter.

Nous avons d'abord déterminé l'existence dans l'antiquité d'une science aussi puissante dans ses effets que la nôtre et nous avons montré que l'ignorance des modernes à son égard provenait de la nonchalance avec laquelle ils abordaient l'étude des anciens.

Nous avons ensuite vu que cette science était enfermée dans les temples, centres de haute instruction et de civilisation.

Enfin nous avons pu savoir que personne n'était exclu de cette initiation dont l'origine se perdait dans la nuit des cycles primitifs.

Trois genres d'épreuves étaient placées au début de toute instruction : des épreuves physiques, des épreuves morales et des épreuves intellectuelles. Jamblique, Porphyre et Apulée parmi les anciens, Lenoir (1), Christian (2), Delaage (3) parmi les modernes, décrivent tout au long ces épreuves sur lesquelles je crois inutile d'insister davantage. Ce qui ressort de tout cela, c'est qu'avant tout la science était la science cachée.

Une étude même superficielle des écrits scientifiques que nous ont laissés les anciens permet de con-

(1) *La Franc-Maçonnerie rendue à sa véritable origine* (1814).
(2) *Histoire de la Magie* (1863).
(3) *La Science du vrai* (Dentu, 1884).

stater que si leurs connaissances atteignaient la production des mêmes effets que les nôtres, elles en différaient cependant beaucoup quant à la méthode et à la théorie.

Pour savoir ce qu'on apprenait dans les temples, il nous faut chercher les restes de ces enseignements dans les matériaux que nous possédons et qui nous ont été en grande partie conservés par les alchimistes. Nous ne nous inquiéterons pas de l'origine plus ou moins apocryphe (d'après les savants modernes) de ces écrits. Ils existent et cela doit nous suffire. Si nous parvenons à découvrir une méthode qui explique le langage symbolique des alchimistes et en même temps les histoires symboliques anciennes de la conquête de la Toison d'Or, de la Guerre de Troie, du Sphinx, nous pourrons sans crainte affirmer que nous tenons un morceau de la science antique.

Voyons tout d'abord la façon dont les modernes traitent un phénomène naturel pour mieux connaître par opposition la méthode antique.

Que diriez-vous d'un homme qui vous décrirait un livre ainsi :

« Le livre que vous m'avez donné à étudier est placé
« sur la cheminée à deux mètres quarante-neuf centi-
« mètres de la table où je suis, il pèse quarante-cinq
« grammes huit décigrammes, il est formé de cent qua-
« rante-deux petites feuilles de papier sur lesquelles
« existent cent dix-huit mille deux cent quatre-vingts
« caractères d'imprimerie, qui ont usé trois cent quatre-
« vingt-dix grammes d'encre noire. »

Voilà la description expérimentale du phénomène.

Si cet exemple vous choque, ouvrez les livres de science moderne et voyez s'ils ne répondent pas exactement comme méthode à la description du Soleil ou de Saturne par l'astronome qui décrit la place, le poids, le volume et la densité des astres, ou à la description du spectre solaire par le physicien qui compte le nombre des raies !

Ce qui vous intéresse dans le livre ce n'est pas le côté matériel, physique, mais bien ce que l'auteur a voulu exprimer par ces signes, ce qu'il y a de caché sous leur forme, le côté métaphysique pour ainsi dire.

Cet exemple suffit à montrer la différence entre les méthodes anciennes et les méthodes modernes. Les premières, dans l'étude du phénomène, s'occupent toujours du côté général de la question, les autres restent *a priori* cantonnées dans le domaine du fait.

Pour montrer que tel est bien l'esprit de la méthode antique, je rapporte un passage très significatif de Fabre d'Olivet sur les deux façons d'écrire l'histoire (1).

« Car il faut bien se souvenir que l'histoire allégorique de ces temps écoulés, écrite dans un autre esprit que l'histoire positive qui lui a succédé, ne lui ressemblait en aucune manière et que c'est pour les avoir confondues qu'on est tombé dans de si graves erreurs. C'est une observation très importante que je fais ici de nouveau. Cette histoire, confiée à la mémoire des hommes,

---

(1) Je fais mes excuses au lecteur pour les citations dont je surcharge ce traité ; mais je suis obligé de m'appuyer à chaque pas sur des bases solides. Ce que j'avance paraît si improbable à beaucoup, et j'ignore pourquoi, que le nombre de preuves servira à peine à combattre une incrédulité de parti pris.

ou conservée parmi les archives sacerdotales des temples en morceaux détachés de poésie, ne considérait les choses que du côté moral, ne s'occupait jamais des individus, et voyait agir les masses ; c'est-à-dire les peuples, les corporations, les sectes, les doctrines, les arts même et les sciences, comme autant d'êtres particuliers qu'elle désignait par un nom générique.

« Ce n'est pas, sans doute, que ces masses ne pussent avoir un chef qui en dirigeait les mouvements. Mais ce chef, regardé comme l'instrument d'un esprit quelconque, était négligé par l'histoire qui ne s'attachait jamais qu'à l'esprit. Un chef succédait à un autre chef, sans que l'histoire allégorique en fît la moindre mention. Les aventures de tous étaient accumulées sur la tête d'un seul. C'était la chose morale dont on examinait la marche, dont on décrivait la naissance, les progrès ou la chute. La succession des choses remplaçait celle des individus. L'histoire positive, qui est devenue la nôtre, suit une méthode entièrement différente, les individus sont tout pour elle : elle note avec une exactitude scrupuleuse les dates, les faits que l'autre dédaignait. Les modernes se moqueraient de cette manière allégorique des anciens, s'ils la croyaient possible, comme je suis persuadé que les anciens se seraient moqués de la méthode des modernes, s'ils avaient pu en entrevoir la possibilité dans l'avenir. Comment approuverait-on ce qu'on ne connaît pas ? On n'approuve que ce qu'on aime ; on croit toujours connaître tout ce qu'on doit aimer (1).

(1) Fabre d'Olivet, *Vers dorés de Pythagore*, pp. 26 et 27.

Reprenons maintenant ce livre imprimé qui nous a servi à établir notre première comparaison en notant bien qu'il y a deux façons de le considérer :

Par ce que nous voyons, les caractères, le papier, l'encre, c'est-à-dire par les signes matériels qui ne sont que la représentation de quelque chose de plus élevé, et par ce quelque chose que nous ne pouvons pas voir physiquement : les idées de l'auteur.

Ce que nous voyons manifeste ce que nous ne voyons pas.

Le visible est la manifestation de l'Invisible. Ce principe, vrai pour ce phénomène particulier, l'est aussi pour tous les autres de la nature, comme nous le verrons par la suite.

Nous voyons encore plus clairement la différence fondamentale entre la science des anciens et la science des modernes.

La première s'occupe du visible uniquement pour découvrir l'invisible qu'il représente.

La seconde s'occupe du phénomène pour lui-même sans s'inquiéter de ses rapports métaphysiques.

La science des anciens, c'est la science du caché, de l'ésotérique.

La science des modernes, c'est la science du visible, de l'exotérique.

Rapprochons de ces données l'obscurité voulue dont les anciens ont couvert leurs symboles scientifiques et nous pourrons établir une définition acceptable de la science de l'antiquité qui est :

La science cachée — *Scientia occulta.*

La science du caché — *Scientia occultati.*
La science qui cache
  ce qu'elle a dé-
  couvert   — *Scientia occultans.*
Telle est la triple définition de la :

SCIENCE OCCULTE.

Chapitre 2.

VÉRITABLE LABORATOIRE D'UN ALCHIMISTE
(D'APRÈS KUNRATH)

CHAPITRE II

LA MÉTHODE DANS LA SCIENCE ANTIQUE. — L'ANALOGIE. — LES TROIS MONDES. — LE TERNAIRE. — LES OPÉRATIONS THÉOSOPHIQUES. — LES LOIS CYCLIQUES.

Après avoir déterminé l'existence dans l'antiquité d'une science réelle, son mode de transmission, les sujets généraux sur lesquels elle portait de préférence son étude, essayons de pousser notre analyse plus avant en déterminant les méthodes employées dans la science antique que nous avons vue être la Science occulte (*Scientia occulta*).

Le but poursuivi était, comme nous le savons, la détermination de l'invisible par le visible, du noumène par le phénomène, de l'idée par la forme.

La première question qu'il nous faut résoudre, c'est de savoir si ce rapport de l'invisible au visible existe vraiment et si cette idée n'est pas l'expression d'un pur mysticisme.

Je crois avoir assez fait sentir par l'exemple du livre, énoncé précédemment, ce qu'était une étude du visible, du phénomène, comparée à une étude de l'invisible, du noumène.

Comment pouvons-nous savoir ce que l'auteur a voulu dire en voyant les signes dont il s'est servi pour exprimer ses idées ?

Parce que nous savons qu'il existe un rapport constant entre le signe et l'idée qu'il représente, c'est-à-dire entre le visible et l'invisible.

De même que nous pouvons, en voyant le signe, déduire sur-le-champ l'idée, de même nous pouvons en voyant le visible en déduire immédiatement l'invisible. Mais pour découvrir l'idée cachée dans le caractère d'imprimerie, il nous a fallu apprendre à lire, c'est-à-dire employer une méthode spéciale. Pour découvrir l'invisible, l'occulte d'un phénomène, il faut apprendre aussi à lire par une méthode spéciale.

La méthode principale de la Science occulte c'est l'Analogie. Par l'analogie on détermine les rapports qui existent entre les phénomènes.

Etant donné l'étude de l'homme, trois méthodes principales peuvent conduire au but :

On pourra étudier l'homme dans ses organes, dans leurs fonctions : c'est l'étude du visible, l'étude par induction.

On pourra étudier l'homme dans sa vie, dans son intelligence, dans ce qu'on appelle son âme : c'est l'étude de l'invisible, l'étude par déduction.

On pourra enfin, réunissant ces deux méthodes, considérer le rapport qui existe entre les organes et la fonction, ou entre deux fonctions, ou entre deux organes : c'est l'étude par analogie.

Ainsi si nous considérons le poumon, la science du détail nous apprendra que cet organe reçoit de l'extérieur l'air qui subit en lui une certaine transformation.

Si nous considérons l'estomac, la même science nous apprendra que cet organe est chargé de transformer les aliments qu'il reçoit du dehors.

La science du phénomène s'arrête là, elle ne peut aller plus loin que la constatation du Fait.

L'analogie, s'emparant de ces données et les traitant par la généralisation, c'est-à-dire par la méthode opposée à la méthode du détail, formule ainsi les phénomènes :

Le poumon reçoit du dehors quelque chose qu'il transforme.

L'estomac reçoit du dehors quelque chose qu'il transforme.

Donc le poumon et l'estomac exerçant une fonction analogue sont analogues entre eux.

Ces conclusions paraîtront plus que bizarres aux hommes voués à l'étude du détail ; mais qu'ils se souviennent de cette nouvelle branche de l'anatomie qu'on appelle Anatomie philosophique, qu'ils se rappellent l'analogie parfaitement établie entre le bras et la jambe, la main et le pied, et ils verront que la méthode qui m'a conduit aux conclusions ci-dessus n'est que le développement de celle qui a présidé à la naissance de l'anatomie philosophique.

Si j'ai choisi comme exemple l'analogie entre le poumon et l'estomac, c'est pour mettre en garde contre une erreur qu'on fait très souvent et qui ferme à tout jamais la connaissance des textes hermétiques, celle de croire que deux choses analogues sont *semblables*.

C'est entièrement faux: deux choses analogues ne sont pas plus semblables que le poumon et l'estomac, ou la main et le pied. Je répète que cette remarque est on ne peut plus importante pour l'étude des sciences occultes.

La méthode analogique n'est donc ni la déduction, ni l'induction ; c'est l'usage de la clarté qui résulte de l'union de ces deux méthodes.

Si vous voulez connaître un monument, deux moyens vous sont fournis :

1° Tourner ou plutôt ramper (1) autour du monument en étudiant ses moindres détails. Vous connaîtrez ainsi la composition de ses plus petites parties, les rapports qu'elles affectent entre elles, etc., etc. ; mais vous n'aurez aucune idée de l'ensemble de l'édifice. Tel est l'usage de l'induction ;

2° Monter sur une hauteur et regarder votre monument le mieux qu'il vous sera possible. Vous aurez ainsi une idée générale de son ensemble ; mais sans la moindre idée de détail.

Tel est l'usage de la méthode de déduction.

Le défaut de ces deux méthodes saute aux yeux sans qu'il soit besoin de nombreux commentaires. A chacune d'elles il manque ce que possède l'autre ; réunissez-les et la vérité se produira, éclatante ; étudiez les détails puis montez sur la hauteur et recommencez tant qu'il le faudra, vous connaîtrez parfaitement votre édifice ; unissez la méthode du physicien à celle du métaphysicien et vous donnerez naissance à la méthode analogique, véritable expression de la synthèse antique.

Faire de la métaphysique seule comme le théologien,

---

(1) Voyez Edg. Poë, *Eureka*, pp. 10 à 29 (Traduction Baudelaire).

c'est aussi faux que de faire de la physique seule comme le physicien ; édifiez le noumène sur le phénomène et la vérité apparaîtra !

« Que conclure de tout cela ?

« Il faut en conclure que le livre de Kant, dans sa partie critique, démontre à tout jamais la vanité des méthodes philosophiques en ce qui concerne l'explication des phénomènes de haute physique, et laisse voir la nécessité où l'on se trouve de *faire constamment marcher de front l'abstraction avec l'observation des phénomènes*, condamnant irrévocablement d'avance tout ce qui resterait dans le phénoménalisme ou le rationalisme purs (1). »

Nous venons de faire un nouveau pas dans l'étude de la science antique en déterminant l'existence de cette méthode absolument spéciale ; mais cela ne doit pas encore nous suffire. N'oublions pas en effet que le but que nous poursuivons est l'explication, quelque rudimentaire qu'elle soit d'ailleurs, de tous ces symboles et de toutes ces histoires allégoriques réputées si mystérieuses.

Quand, en parlant de l'analogie entre le poumon et l'estomac, nous avons généralisé les faits découverts par la science expérimentale ou inductive, nous avons fait monter ces faits d'un degré.

Il existe donc des degrés entre les phénomènes et les noumènes, va-t-on me demander ?

Il suffit d'un peu d'observation pour s'apercevoir

---

(1) Louis Lucas, *Chimie nouvelle*, p. 21.

qu'une très grande quantité de faits sont gouvernés par un petit nombre de lois. C'est sur l'étude de ces lois considérées sous le nom de *causes secondes* que portent les travaux des sciences.

Mais ces causes secondes sont elles-mêmes gouvernées par un nombre très restreint de *causes premières*. L'étude de ces dernières est du reste parfaitement dédaignée par les sciences contemporaines qui, reléguées dans le domaine des *vérités sensibles*, abandonnent aux rêveurs de toute école et de toute religion leur recherche. Et pourtant c'est là que réside la Science.

Nous n'avons pas à discuter pour l'instant qui a raison ou qui a tort, il nous suffit de constater l'existence de cette triple gradation :

1° Domaine infini des **FAITS** ;

2° Domaine plus restreint des **LOIS** ou des causes secondes ;

3° Domaine plus restreint des **PRINCIPES** ou des causes premières.

Résumons tout ceci dans une figure (1) :

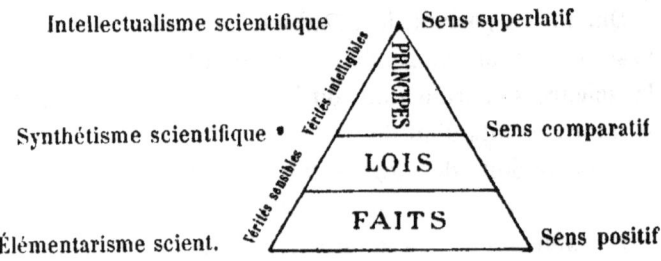

(1) Tirée de la *Mission des Juifs*, p. 32.

Cette gradation basée sur le nombre Trois joue un rôle considérable dans la science antique. C'est sur elle qu'est en grande partie fondé le domaine de l'analogie. Aussi devons-nous prêter quelque attention à ses développements.

Ces trois termes se retrouvent dans l'homme, dans le corps, la vie et la volonté.

Une partie quelconque du corps, un doigt, par exemple, peut être soustrait à l'influence de la volonté sans qu'il cesse pour cela de vivre (paralysie radiale ou cubitale); il peut de même être, par la gangrène, soustrait à l'influence de la vie sans cesser de se mouvoir.

Voilà donc trois domaines distincts : le domaine du corps ; le domaine de la vie exerçant son action au moyen d'une série de conducteurs spéciaux (le grand sympathique, les nerfs vaso-moteurs) et localisée dans le globule sanguin ; le domaine de la volonté agissant par des conducteurs spéciaux (nerfs volontaires) et n'ayant pas d'influence sur les organes essentiels à l'entretien de la vie.

Nous pouvons, avant d'aller plus loin, voir l'utilité de la méthode analogique pour éclairer certains points obscurs et voici comment :

Si une chose quelconque est analogue à une autre, toutes les parties dont cette chose est composée sont analogues aux parties correspondantes de l'autre.

Ainsi les anciens avaient établi que l'homme était analogue à l'Univers. Ils appelaient pour cette raison l'homme microcosme (petit monde) et l'Univers macrocosme (grand monde). Il s'ensuit que, pour connaître la circulation de la vie dans l'Univers, il suffit d'étudier la circulation vitale chez l'homme, et réciproquement, pour connaître les détails de la naissance, de l'accroissement et de la mort d'un homme, il faut étudier les mêmes phénomènes dans un monde.

Tout ceci paraîtra bien mystique à quelques-uns, bien obscur à quelques autres ; aussi je les prie de prendre patience et de se reporter au chapitre suivant où ils trouveront toutes les explications nécessaires à ce sujet.

Cependant, comme il faut prouver ce qu'on avance, surtout dans des questions comme celles-ci, écoutez deux citations intéressantes, l'une sur les trois hiérarchies (FAITS - LOIS - PRINCIPES) désignées par les anciens sous le nom de LES TROIS MONDES ; l'autre sur le microcosme et le macrocosme : Elles sont tirées de la doctrine de Pythagore exposée par Fabre d'Olivet :

« Cette application (du nombre 12) à l'Univers n'était point une invention arbitraire de Pythagore, elle était commune aux Chaldéens, aux Egyptiens, de qui il l'avait reçue, et aux principaux peuples de la Terre : elle avait donné lieu à l'institution du zodiaque dont la division en douze astérismes a été trouvée partout existante de temps immémorial.

« La distinction des trois mondes et leur développement en un nombre plus ou moins grand de sphères concentriques, habitées par les Intelligences d'une pureté différente, étaient également connues avant Pythagore qui ne faisait en cela que répandre la doctrine qu'il avait reçue à Tyr, à Memphis et à Babylone. Cette doctrine était celle des Indiens.

Pythagore envisageait l'homme sous trois modifications principales, comme l'Univers ; et voilà pourquoi il donnait à l'homme le nom de microcosme ou de petit monde.

Rien de plus commun chez les nations anciennes que de comparer l'Univers à un grand homme et l'homme à un petit univers.

L'Univers considéré comme un grand Tout animé, composé d'intelligence, d'âme et de corps, était appelé Pan ou Phanès. L'homme ou le microcosme était composé de même, mais d'une manière inverse, de corps, d'âme et d'intelligence ; et chacune de ces trois parties était à son tour envisagée sous trois modifications, en sorte que le ternaire, régnant dans le tout, régnait également dans la moindre de ses subdivisions. Chaque ternaire, depuis celui qui embrassait l'immensité jusqu'à celui qui constituait le plus faible individu, était, selon Pythagore, compris dans une unité absolue ou relative et formait ainsi le quaternaire ou la tétrade sacrée des pythagoriciens. Ce quaternaire était universel ou particulier.

Pythagore n'était point, au reste, l'inventeur de cette doctrine : elle était répandue depuis la Chine jusqu'au fond de la Scandinavie. On la trouve élégamment exprimée dans les oracles de Zoroastre :

> Le Ternaire partout brille dans l'Univers
> Et la Monade est son principe (1).

Ainsi, selon cette doctrine, l'homme, considéré comme une Unité relative contenue dans l'Unité absolue du grand Tout, s'offrait, comme le Ternaire universel, sous les trois modifications principales de corps, d'âme et

---

(1) Fabre d'Olivet, *Vers dorés*, p. 239.

d'esprit ou d'intelligence. L'âme, en tant que siège des passions, se présentait à son tour sous les trois facultés d'âme raisonnable, irascible et appétante. Or, suivant Pythagore, le vice de la faculté appétante de l'âme, c'était l'intempérance ou l'avarice ; celui de la faculté irascible, c'était la lâcheté ; et celui de la faculté raisonnable, c'était la folie. Le vice qui s'étendait sur ces trois facultés, c'était l'injustice. Pour éviter ces vices, le philosophe recommandait quatre vertus principales à ses disciples, la tempérance pour la faculté appétante, le courage pour la faculté irascible, la prudence pour la faculté raisonnable, et pour ces trois facultés ensemble, la justice, qu'il regardait comme la plus parfaite des vertus de l'âme. Je dis de l'âme, car le corps et l'intelligence, se développant également au moyen des trois facultés instinctives ou spirituelles, étaient, ainsi que l'âme, susceptible de vices et de vertus qui leur étaient propres. »

De nouvelles difficultés viennent de naître sous nos pas. A peine avons-nous traité l'analogie que l'étude des trois mondes venait s'imposer, maintenant ce sont les nombres qui demandent des éclaircissements.

D'où vient donc cet usage du Trois si répandu dans l'antiquité ?

Cet usage qui s'étendait depuis le sens de leurs écritures (1) jusqu'à leur métaphysique (2) et qui, franchis-

(1) Les prêtres égyptiens avaient *trois* manières d'exprimer leur pensée. La première était claire et simple, la seconde symbolique et figurée, la troisième sacrée ou hiéroglyphique. Ils se servaient à cet effet de trois sortes de caractères, mais non pas de trois dialectes comme on pourrait le penser (Fabre d'Olivet, *la Lang. héb. rest.*, p. 24).

(2) Les anciens Mages ayant observé que l'équilibre est en

sant les siècles, vient se retrouver dans un de nos plus célèbres écrivains : Balzac (1) ?

Il vient de l'emploi d'une langue spéciale qui est complètement perdue pour la science actuelle : la langue des nombres.

« Platon, qui voyait dans la musique d'autres choses que les musiciens de nos jours, voyait aussi dans les nombres un sens que nos algébristes n'y voient plus. Il avait appris à y voir ce sens d'après Pythagore qui l'avait reçu des Egyptiens. Or les Egyptiens ne s'accordaient pas seuls à donner aux nombres une signification mystérieuse. Il suffit d'ouvrir un livre antique pour voir que, depuis les limites orientales de l'Asie jusqu'aux bornes occidentales de l'Europe, une même idée régnait sur ce sujet (2). »

Nous ne pouvons peut-être pas reconstituer dans son entier cette langue des nombres, mais nous pouvons en connaître quelques-uns, ce qui nous sera d'un grand secours par la suite. Etudions d'abord un phénomène quelconque de la Nature dans lequel nous devons retrouver le nombre Trois et connaître sa signification.

---

physique la loi universelle et qu'il résulte de l'opposition apparente de deux forces, concluant de l'équilibre physique à l'équilibre métaphysique déclarèrent qu'en Dieu, c'est-à-dire dans la première cause vivante et active, on devait reconnaître deux propriétés nécessaires l'une à l'autre, la stabilité et le mouvement, équilibrées par la couronne, la force suprême (Eliphas Levi, *Dogme et Rituel*, p. 79).

(1) Il existe trois mondes : le Naturel, le Spirituel, le Divin. Il existe donc nécessairement un culte matériel, un culte spirituel, un culte divin, trois formes qui s'expriment par l'action, par la parole, par la prière, autrement dit, le fait, l'entendement et l'amour (Balzac, *Louis Lambert*).

(2) Fabre d'Olivet, *Lang. héb. rest.*, p. 30, 2ᵉ vol.).

Puis nous étudierons les opérations inconnues des modernes et pratiquées par toute l'antiquité sur les nombres.

Enfin, nous verrons si nous pouvons découvrir quelque chose de leur génération.

Voyons si la formule des anciens alchimistes, εν το παν (tout est dans tout), est vraie dans ses applications.

Prenons le premier phénomène venu, la lumière du jour par exemple, et cherchons à retrouver en lui des lois assez générales pour s'appliquer exactement à des phénomènes d'ordre entièrement différent.

Le jour s'oppose à la nuit pour constituer les périodes d'activité et de repos que nous retrouverons dans la nature entière. Ce qui frappe surtout dans ce phénomène c'est l'opposition entre la Lumière et l'Ombre qui s'y manifeste.

Mais cette opposition est-elle vraiment si absolue ?

Regardons de plus près et nous remarquerons qu'entre la Lumière et l'Ombre, qui semblaient à tout jamais séparées, existe quelque chose qui n'est ni de la Lumière, ni de l'Ombre et qu'on désigne en physique sous le nom de pénombre. La pénombre participe et de la Lumière et de l'Ombre.

Quand la Lumière diminue l'Ombre augmente. L'Ombre dépend de la plus ou moins grande quantité de la Lumière, l'Ombre est une modification de la Lumière.

Tels sont les FAITS que nous pouvons constater.
Résumons-les :

La Lumière et l'Ombre ne sont pas complètement séparées l'une de l'autre. Entre elles deux existe un

intermédiaire : la pénombre qui participe des deux.
L'Ombre c'est de la Lumière en moins.

Pour découvrir les LOIS cachées sous ces FAITS il nous faut sortir du particulier (étude de la Lumière) et aborder le général ; il nous faut *généraliser* les termes qui sont ici *particularisés*. Pour cela employons un des termes les plus généraux de la langue française : le mot chose, et disons :

Deux choses opposées en apparence ont toujours un point commun intermédiaire entre elles. Cet intermédiaire résulte de l'action des deux opposés l'un sur l'autre et participe des deux.

Deux choses opposées en apparence ne sont que des degrés différents d'une seule et même chose.

Si ces LOIS sont vraiment *générales*, elles doivent s'appliquer à beaucoup de phénomènes ; car nous avons vu que ce qui caractérise une loi c'est d'expliquer seule beaucoup de FAITS.

Prenons des opposés d'ordres divers et voyons si nos lois s'y appliquent.

Dans l'ordre des sexes, deux opposés bien caractérisés : ce sont le mâle et la femelle.

Dans l'ordre physique nous pourrions prendre les opposés dans les forces (chaud-froid, positif-négatif, etc.) ; mais comme c'est une force qui nous a servi d'exemple, considérons les deux états opposés de la matière, état solide, état gazeux.

LOI :
Deux opposés ont entre eux un intermédiaire résultant des deux.

FAITS

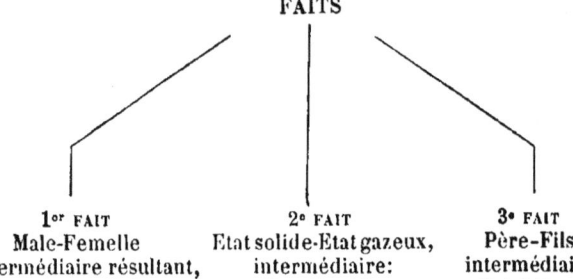

1ᵉʳ FAIT
Mâle-Femelle
intermédiaire résultant,
des deux : Enfant

2ᵉ FAIT
État solide-État gazeux,
intermédiaire :
État liquide

3ᵉ FAIT
Père-Fils,
intermédiaire :
Saint-Esprit

J'ai ajouté un phénomène d'ordre intellectuel, conception de Dieu d'après les Chrétiens, pour montrer l'application de la Loi dans ses sphères les plus étendues.

AUTRE LOI :
Les opposés ne sont que la conception à degrés différents d'une seule chose.

FAITS

| Mâle
Femelle
Enfant | Conception à divers degrés de la Famille | Solide
Gaz
Liquide | La Matière | Père
Fils
St-Esprit | DIEU |

Si, reprenant notre exemple de la Lumière et de l'Ombre, nous l'étudions encore, nous pourrons voir que la Lumière agit, l'Ombre s'oppose, tandis que la Pénombre, neutre, flotte entre les deux.

Résumons notre loi d'après ces données.

L'*Actif* et le *Passif*
(Lumière)   (Ombre)

Produisent par leur action réciproque le Neutre qui participe des Deux (Pénombre)

Pour présenter dans un ensemble clair les trois FAITS énoncés ci-dessus, nous dirons :

		produisent par leur	
L'ACTIF	LE PASSIF	action réciproque	LE NEUTRE
Mâle	Femelle	—	Enfant
Etat gazeux	Etat solide	—	Etat liquide
LE PÈRE	LE FILS	—	LE St-ESPRIT
La Lumière	L'Ombre	—	La Pénombre
Le Chaud	Le Froid	—	Le Tiède
Le Positif	Le Négatif	—	Le Neutre
L'Attraction	La Répulsion	—	L'Equilibre
L'Acide	La Base	—	Le Sel

J'ai allongé la liste en citant de nouveaux FAITS pour montrer la vérité de la LOI.

Cette Loi forme, sous le nom de Loi de la Série, la base des travaux de Louis Lucas (1) qui l'applique à presque tous les phénomènes chimiques, physiques et même biologiques de la science contemporaine.

Nous n'en finirions pas si nous voulions citer tous les auteurs anciens et modernes qui en ont parlé sous le nom des TROIS termes qui la constituent :

LOI DU TERNAIRE

Il suffit de se reporter aux exemples ci-dessus pour voir que les trois termes qui constituent le ternaire sont :

1° Un terme actif ;
2° Un terme passif ;

---

(1) Voy. *l'Occultisme contemporain* (chez Carré).

3° Un terme neutre résultant de l'action des deux premiers l'un sur l'autre.

Comme cette loi doit s'appliquer partout, cherchons les nombres qui agissant l'un sur l'autre produisent 3.

Ces nombres sont 1 et 2, car $1 + 2 = 3$.

Nous pouvons du même coup comprendre le sens des trois premiers nombres.

Le nombre 1 représente l'Actif,
Le nombre 2 — le Passif,
Le nombre 3 — la Réaction de l'Actif sur le Passif.

Vous pouvez remplacer le mot ACTIF par tel terme que vous voudrez des tableaux ci-dessus placés sous ce mot et vous voyez de suite que, d'après la méthode analogique, le chiffre 1 représente toutes les idées gouvernées par ce principe l'ACTIF, c'est-à-dire l'Homme, le Père divin, la Lumière, la Chaleur, etc., etc., suivant qu'on le considère dans tel ou tel des 3 mondes.

1

Monde Matériel : La Lumière, l'État gazeux.
Monde Moral ou Naturel : L'Homme.
Monde Métaphysique ou Archétype : Dieu le Père.

Il en est de même des mots : PASSIF que vous pouvez remplacer par 2, et NEUTRE par 3.

Vous voyez que les calculs appliqués aux chiffres s'appliquent mathématiquement aux idées dans la science antique, ce qui rend ses méthodes si générales et par là même si différentes des méthodes modernes.

Je viens de donner là les éléments de l'explication de la ROTA de Guillaume Postel (1).

Il s'agit maintenant de montrer que ce que j'ai dit jusqu'ici sur les nombres était vraiment appliqué dans l'antiquité et n'est pas tiré totalement de mon imagination.

Nous retrouverons d'abord ces applications dans un livre hébraïque dont M. Franck lui-même ne conteste pas l'antiquité (2), *le Sepher Jesirah* dont j'ai fait la première traduction française dans le n° 7 de la revue théosophique *le Lotus* (3). Mais comme ce livre est surtout kabbalistique je préfère citer des philosophes anciens :

« L'essence divine étant inaccessible aux sens, employons pour la caractériser, non le langage des sens, mais celui de l'esprit ; donnons à l'intelligence ou au principe *actif* de l'Univers le nom de monade ou d'unité, parce qu'il est toujours le même ; à la matière ou au principe *passif* celui de dyade ou de multiplicité, parce qu'il est sujet à toutes sortes de changements ; au monde enfin celui de triade parce qu'il est le résultat de l'intelligence et de la matière. » (*Doctrine des Pythagoriciens — Voyage d'Anacharsis*, t. III, p. 181 (édition de 1809.)

« Qu'il me suffise de dire que comme Pythagore désignait Dieu par 1, la matière par 2, il exprimait l'Univers par 12 qui résulte de la réunion des deux autres. » (Fabre d'Olivet, *les Vers dorés de Pythagore.*)

---

(1) Voir pour explication de ce terme les œuvres de Postel, de Christian et surtout d'Eliphas Levi.
(2) Franck, *la Kabbale*, 1863.
(3) Chez Carré.

On a vu ci-dessus dans maint passage que la doctrine de Pythagore résume celles des Egyptiens, ses maîtres, des Hébreux et des Indiens ; par suite, de l'antiquité tout entière ; c'est pourquoi je cite ce philosophe de préférence chaque fois qu'il s'agit d'élucider un point de la Science antique.

Nous connaissons le sens que les anciens donnaient aux nombres 1, 2 et 3 ; voyons maintenant quelques-uns des autres nombres.

Comme on a pu le voir dans la note de Fabre d'Olivet sur le Microcosme et le Macrocosme, le Quaternaire ramenait dans l'unité les termes 1, 2, 3 dont nous venons de parler.

J'aurais l'air d'écrire en chinois si je n'élucidais pas ceci par un exemple.

Le Père, la Mère et l'Enfant forment trois termes dans lesquels le Père est actif et répond au nombre 1, la Mère est passive et répond au nombre 2, l'Enfant n'a pas de sexe, est neutre, et répond à 1 plus 2, c'est-à-dire au nombre 3.

Quelle est l'Unité qui renferme en elle ces trois termes ?

C'est la Famille.

$$\left.\begin{matrix}\text{Père}\\\text{Mère}\\\text{Enfant}\end{matrix}\right\}\text{Famille.}$$

Voilà la composition du Quaternaire : un ternaire et l'Unité qui le renferme.

Quand nous disons une Famille, nous énonçons en un seul mot les trois termes dont elle est composée, c'est pourquoi la Famille ramène le 3 à 1 ou, pour parler le langage de la science occulte, le Ternaire à l'Unité.

L'explication que je viens de donner est, je crois, facile à comprendre. Cependant Dieu sait combien il y a peu de gens qui auraient pu comprendre avant cet exemple la phrase suivante tirée d'un vieux livre hermétique : *afin de réduire le Ternaire par le moyen du Quaternaire à la simplicité de l'Unité* (1).

Si l'on comprend bien ce qui précède on verra que 4 est une répétition de l'unité, et qu'il doit agir comme agit l'unité.

Ainsi dans la formation de 3 par 1 plus 2 comment est formé le deux ?

Par l'unité qui s'oppose à elle-même ainsi $\frac{1}{1} = 2$

Nous voyons donc dans la progression 1, 2, 3, 4 :

D'abord l'unité 1

Puis une opposition $\frac{1}{1} = 2$

Puis l'action de cette opposition sur l'unité $1 + 2 = 3$

Puis le retour à une unité d'ordre différent, d'une autre octave, si j'ose m'exprimer ainsi. $\frac{1.\ 2.\ 3}{4}$

Ce que je développe me semble compréhensible; cependant comme la connaissance de cette progression est un des points les plus obscurs de la science occulte, je vais répéter l'exemple de la famille.

Le premier principe qui apparaît dans la famille, c'est le Père, l'unité active. $= 1$

(1) *L'Ombre idéale de la sagesse universelle*, par le R. P. Esprit Sabathier (1679).

Le deuxième principe c'est la mère
qui représente l'unité passive.   = 2

L'action réciproque, l'opposition
produit le troisième terme, l'Enfant.   = 3

Enfin tout revient dans une unité
active d'ordre supérieur, la Famille.   = 4

Cette famille va agir comme un père, un principe actif sur une autre famille, non pas pour donner naissance à un enfant, mais pour donner naissance à la caste d'où se formera la tribu, unité d'ordre supérieur (1).

La genèse des nombres se réduirait donc à ces quatre conditions et comme, d'après la méthode analogique, les nombres expriment exactement des idées, cette loi est applicable aux idées.

Voici quels sont ces quatre termes :

Unité ou Retour à l'Unité	Opposition Antagonisme	Action de l'opposition sur l'unité
1	2	3
4	—	—
—	5	6
7	8	9
10	11	12
—	—	—
(1)	(2)	(3) etc.

J'ai séparé la première série des autres pour montrer qu'elle est complète en quatre termes et que tous les termes suivants ne font que répéter *dans une autre octave* la même loi.

Comme nous allons découvrir dans cette loi une des meilleures clefs pour ouvrir les mystères antiques, je

(1) Voy. le chapitre suivant et relisez ceci ensuite.

vais l'expliquer davantage en l'appliquant à un cas particulier quelconque, le développement social de l'homme par exemple :

Unité ou Retour à l'unité	Opposition Antagonisme	Résultat de cette opposition Distinction
1 La première molécule sociale, l'Homme.'	2 Opposition à cette molécule.Femme	3 Résultat. Enfant.
4 Unité d'ordre supérieur, la Famille résumant les trois termes précédents.	5 Opposition entre les familles. — Rivalités de familles.	6 Distinction entre les familles. — Castes.
7 Unité d'ordre supérieur, la Tribu résumant les trois termes précédents.	8 Opposition entre les Tribus.	9 Distinction entre les Tribus. — Nationalités.

10 La Nation
$\overline{1}$

Cette loi que j'ai donnée en chiffres, c'est-à-dire en formule générale, peut s'appliquer à une foule de cas particuliers. Le chapitre suivant le montrera du reste.

Mais ne remarquons-nous pas quelque chose de particulier dans ces chiffres ? Que signifient les signes $\frac{10}{1} \frac{11}{2} \frac{12}{3}$ placés à la fin de mon premier exemple ?

Pour le savoir il nous faut dire quelques mots des opérations employées par les anciens sur les chiffres.

Deux de ces opérations sont indispensables à connaître :

1° La *Réduction théosophique* ;
2° L'*Addition théosophique*.

1° La *Réduction théosophique* consiste à réduire tous les nombres formés de deux ou plusieurs chiffres en nombres d'un seul chiffre et cela en additionnant les chiffres qui composent le nombre jusqu'à ce qu'il n'en reste plus qu'un.

$$\text{Ainsi} : 10 = 1 + 0 = 1$$
$$11 = 1 + 1 = 2$$
$$12 = 1 + 2 = 3$$

et pour des nombres plus composés, comme par exemple $3,221 = 3 + 2 + 2 + 1 = 8$, ou $666 = 6 + 6 + 6 = 18$ et comme $18 = 1 + 8 = 9$ le nombre 666 égale neuf.

De ceci découle une considération très importante, c'est que tous les nombres, quels qu'ils soient, ne sont que des représentations des neuf premiers chiffres.

Comme les neuf premiers chiffres, ainsi qu'on peut le voir par l'exemple précédent, ne sont que des représentations des quatre premiers, tous les nombres sont représentés par les quatre premiers.

Or ces quatre premiers chiffres ne sont que des états divers de l'Unité. Tous les nombres, quels qu'ils soient, ne sont que des manifestations diverses de l'Unité.

2° *Addition théosophique* :

Cette opération consiste, pour connaître la valeur théosophique d'un nombre, à additionner arithmétiquement tous les chiffres depuis l'unité jusqu'à lui.

Ainsi le chiffre 4 égale en addition théosophique $1 + 2 + 3 + 4 = 10$

Le chiffre 7 égale $1 + 2 + 3 + 4 + 5 + 6 + 7 = 28$.

28 se réduit immédiatement en $2 + 8 = 10$.

Si vous voulez remplir d'étonnement un algébriste, présentez-lui l'opération théosophique suivante :

$$4 = 10$$
$$7 = 10$$
$$\text{Donc } 4 = 7$$

Ces deux opérations, réduction et addition théosophiques, ne sont pas difficiles à apprendre. Elle sont indispensables à connaître pour comprendre les écrits hermétiques et représentent d'après les plus grands maîtres la marche que suit la nature dans ses productions.

Vérifions mathématiquement la phrase que nous avons citée précédemment.

Réduire le ternaire par le moyen du quaternaire à la simplicité de l'unité.

$$\text{Ternaire} = 3 \quad \text{Quaternaire} = 4$$
$$3 + 4 = 7$$

par réduction théosophique ;

$$7 = 1 + 2 + 3 + 4 + 5 + 6 + 7 = 28 = 10$$

par addition théosophique, et réduction du total ;

Enfin : $\quad 10 = 1 + 0 = 1$

L'opération s'écrira donc ainsi :

$$4 + 3 = 7 = 28 = 10 = 1$$
$$4 + 3 = 1$$

Reprenons maintenant l'exemple chiffré donné en premier lieu :

$$
\begin{array}{ccc}
1. & 2. & 3. \\
4. & 5. & 6. \\
7. & 8. & 9. \\
10. & 11. & 12. \\
\hline
(1) & (2) & (3)
\end{array}
$$

et faisons quelques remarques à son sujet en nous servant des calculs théosophiques.

Nous remarquons d'abord que l'unité reparaît, c'est-à-dire que le cycle recommence après trois progressions $\frac{10}{1} \frac{11}{2}$; 10, 11, 12, etc., réduits théosophiquement donnent naissance de nouveau à 1, 2, 3, etc. (1).

Ces trois progressions représentent LES TROIS MONDES dans lesquels tout est renfermé.

Nous remarquons ensuite que la première ligne verticale 1, 4, 7, 10, que j'ai considérée comme représentant l'Unité à diverses Octaves, la représente en effet, car :

$1 = 1$
$4 = 1 + 2 + 3 + 4 = 10 = 1$
$7 = 1 + 2 + 3 + 4 + 5 + 6 + 7 = 28 = 10 = 1$
$10 = 1$
$13 = 4 = 10 = 1$
$16 = 7 = 28 = 10 = 1$

On peut ainsi continuer la progression jusqu'à l'infini et vérifier ces fameuses lois mathématiques qu'on va traiter. je n'en doute pas, de mystiques faute d'en comprendre la portée.

Je conseille à ceux qui croiraient que ce sont là de nébuleuses rêveries la lecture des ouvrages sur la physique et la chimie de Louis Lucas (2) où ils trouveront la loi précédente désignée sur le nom de *série* et

(1) Voir, pour l'application de cette loi dans Moïse, Fabre d'Olivet, *la Lang. heb. rest.*
(2) Voir la liste de ses ouvrages dans *l'Occultisme contemporain* (chez Carré).

appliquée à des démonstrations expérimentales de chimie et de biologie.

Je leur conseille encore, si la Chimie et la Physique ne leur paraissent pas assez positives, de lire les ouvrages mathématiques de Wronski (1) sur lesquels l'Institut fit un rapport très favorable, ouvrages dont les principes sont entièrement tirés de la Science antique ou Science occulte. Voici un tableau de la *génération des nombres* qui peut parfaitement expliquer le système de Wronski:

$$
\begin{array}{c}
1 \quad (3+1)\ 4 \quad\quad (9+4=13)=4 \quad (13+9=22)=4 \\
\quad\quad\quad (4+3)\ 7 \\
(1+2)\ 3 \quad\quad \binom{7+8}{15}\ 6 \quad (4+5)\ 9 \\
\quad\quad\quad (5+3)\ 8 \\
2 \quad (3+2)\ 5 \quad\quad (5+9=14)=5 \quad (14+9=23)=5
\end{array}
$$

On voit dans ce tableau l'application de la loi chiffrée 1, 2, 3, 4, etc., dont j'ai déjà tant parlé.

Un et deux donnent naissance à trois et de ces trois nombres sortent tous les autres jusqu'à 9 d'après les mêmes principes. A partir de 9 tous les nombres, quels qu'ils soient, se réduisent, par réduction théosophique, aux nombres d'un seul chiffre.

Les nombres sont du reste disposés par colonnes dont trois principales et deux secondaires, je les indique par des chiffres de grosseurs différentes.

Colonne principale 1 —— 4 — (13) 4 — (22) 4 — (31) 4
+
        Colonne secondaire 7 (16) = 7 (25) = 7 (34) = 7

---

(1) Voir la liste de ses ouvrages dans *l'Occultisme contemporain* (chez Carré).

Colonne principale   3 —————— 6 —————— 9 —

          colonne secondaire 8 (17) = 8 (26) = 8 (35) = 8

Colonne principale 2 —— 5 — (14) = 5 — (23) = 5 — (32) = 5

La connaissance de ces tableaux n'est du reste d'aucune importance pour la compréhension de ce qui suit; aussi je prie ceux que cet amas de chiffres effrayerait de ne pas s'en occuper davantage et de passer outre.

Avant de terminer ce chapitre, déjà fort long, je tiens à signaler une chose d'une extrême importance pour comprendre le tétragramme sacré des Hébreux dont nous parlerons par la suite.

La progression :   1.   2.   3
                      4.   5.   6
                      7. etc.

est formée de quatre chiffres disposés seulement en 3 colonnes parce que le quatrième chiffre n'est que la répétition du premier. C'est comme s'il y avait 1. 2. 3. 1, etc. Les Hébreux expriment le nom le plus auguste de la divinité par quatre lettres dont une est répétée deux fois, ce qui réduit le nom divin à trois lettres ainsi : IEVE = IVE. Cette remarque aura sa place dans la suite.

Arrivés en ce point jetons un rapide coup d'œil sur le chemin parcouru, afin de nous rendre compte des aspects sous lesquels la Science antique se présente maintenant à notre esprit.

Après avoir déterminé l'existence de cette science renfermée dans les sanctuaires, nous avons vu qu'elle employait pour parvenir à ses conclusions une méthode spéciale que nous avons appelée méthode par analogie.

Puis nous avons découvert que cette méthode reposait sur une hiérarchie naturelle comprenant trois grandes divisions, celle des phénomènes, celle des causes secondes et celle des causes premières, ou, d'après Saint-Yves d'Alveydre, celle des FAITS, celle des LOIS et celle des PRINCIPES, divisions désignées par les anciens sous le terme de : LES TROIS MONDES.

L'emploi de ce nombre trois nous a forcément conduit à l'étude de la conception spéciale sous laquelle la science primitive envisageait les nombres et, par la façon dont se forme le Ternaire, nous avons découvert une Loi cyclique présidant à l'évolution des nombres et par suite à celle de la nature entière.

L'analyse de cette loi nous a fait étudier deux procédés de calcul inconnus des algébristes modernes, procédés employés par toute l'antiquité depuis Homère jusqu'aux alchimistes en passant par Moïse, Pythagore et l'École d'Alexandrie : la réduction et l'addition théosophiques.

Nous sommes maintenant en possession de méthodes qui vont peut-être nous permettre d'aller plus loin ; aussi n'hésitons-nous pas à pénétrer avec elles dans les mystères antiques pour savoir le grand secret que les initiés conservaient couvert d'un triple voile.

Chapitre 3

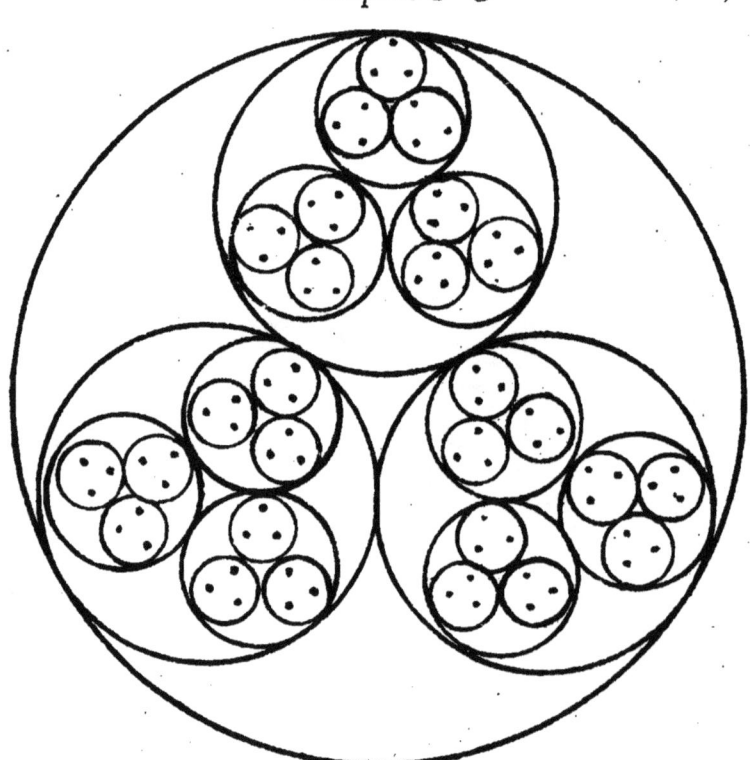

Diagramme de la Vie Universelle.

CHAPITRE III

LA VIE UNIVERSELLE. — LE GRAND SECRET DU SANCTUAIRE. — LA LUMIÈRE ASTRALE (FORCE UNIVERSELLE). — L'INVOLUTION ET L'ÉVOLUTION. — L'HOMME D'APRÈS PYTHAGORE.

En dernière analyse le corps humain se réduit à la cellule, l'humanité se réduit à la molécule sociale qui est l'homme, le monde se réduit à l'astre et l'Univers au Monde.

Mais cellule, humanité, astre, monde, Univers, ne sont que des *octaves* de l'Unité toujours la même.

N'allons-nous pas voir les cellules se grouper pour former un organe, les organes se grouper hiérarchiquement pour former les appareils et ceux-ci se grouper pour former l'individu ?

            Cellule,
            Organe,
            Appareil,
            Individu,

telle est la progression qui constitue l'homme physiquement parlant.

Mais cet individu, qu'est-ce, sinon une cellule de l'humanité ?

La loi que suit la nature est si vraie que partout nous la retrouvons identique, quelle que soit l'étendue des objets considérés.

L'homme se groupe pour former la famille, la famille se groupe pour former la tribu, les tribus établissent le groupement hiérarchique pour constituer la nation, reflet de l'Humanité.

Homme,
Famille,
Tribu,
Nation-Humanité.

Mais qu'est donc l'humanité sinon une cellule de l'animalité? Cette animalité n'exprime qu'un des degrés des règnes existant sur la planète.

Voyez les satellites se ranger autour des planètes, les planètes autour des Soleils pour constituer les Mondes ; les Mondes qui ne sont eux-mêmes que des cellules de l'Univers marquent en traits de feu dans l'infini les lois éternelles de la Nature.

Partout éclate cette mystérieuse progression, cet arrangement des unités inférieures devant l'Unité supérieure, cette sériation (1) universelle qui part de l'atome pour monter d'astre en Monde jusqu'à cette UNITÉ PREMIÈRE autour de qui gravitent les Univers.

Tout est analogue, la loi qui régit les Mondes régit la vie de l'insecte.

Etudier la façon dont les cellules se groupent pour former un organe, c'est étudier la façon dont les Règnes

---

(1) Terme employé par Louis Lucas.

de la Nature se groupent pour former la Terre, cet organe de notre Monde; c'est étudier la façon dont les individus se groupent pour constituer une famille, cet organe de l'Humanité.

Etudier la formation d'un appareil par les organes, c'est apprendre la formation d'un monde par les planètes, d'une nation par les familles.

Apprendre enfin la constitution d'un homme par les appareils, c'est connaître la constitution de l'Univers par les Mondes et de l'Humanité par les Nations.

Tout est analogue : connaître le secret de la cellule c'est connaître le secret de Dieu.

L'absolu est partout. — Tout est dans tout.

La méthode analogique éclate ici dans toute sa splendeur.

Pourquoi, si l'homme est une cellule de l'humanité, l'humanité ne serait-elle pas l'appareil supérieur d'un être animé qui s'appelle la Terre ?

Pourquoi la Terre ne serait-elle pas un organe d'un être supérieur nommé le Monde dont le Soleil est le cerveau ?

Pourquoi ce monde lui-même ne constituerait-il pas la série inférieure de l'Être des Êtres du Macrocosme dont les Univers sont les appareils ?

Telles sont les questions qui se sont dressées comme autant de sphinx devant les investigations de toute l'antiquité. Et quand le Postulant n'avait pas atteint les connaissances suffisantes pour plonger de toute la force de son intuition au centre des centres de l'Univers, quand il ne savait pas suivre ce conseil de Pythagore :

« Afin que t'elevant dans l'éther radieux
« Au sein des Immortels tu sois un Dieu toi-même. »

alors il s'emparait du seul instrument solide qu'il connût encore et, fort de sa méthode, s'élançait dans l'étude de l'Infini.

Mais la vie circule dans la cellule, la vie circule dans l'homme, d'où vient-elle ?

La cellule humaine est immobilisée dans l'organe, mais voici que le courant vital porté par le sang passe rapide au-devant d'elle ; elle prend de ce courant ce qu'il lui faut et accomplit sa fonction ; le courant est le même partout et chaque cellule le transforme différemment.

Ici c'est la cellule d'une glande qui va puiser sa force dans la vie que le sang lui apporte, et la salive, le suc gastrique ou la bile vont être sécrétés.

Là c'est la cellule musculaire qui va emprunter le moyen de se contracter à ce même courant qui a fourni tout à l'heure des sécrétions diverses.

Là enfin c'est la cellule nerveuse qui va transformer en Intelligence ce même agent producteur de phénomènes si différents.

Est-il possible qu'une même force : la vie, soit transformée en forces d'ordres si différents et cela par la forme différente des organes ?

A cette question l'Égyptien se renferme dans le laboratoire du temple et voit un faisceau de lumière blanche venir se briser contre un prisme et se transformer en couleurs variées.

Les couleurs dépendent de l'épaisseur du verre traversé. Cet essai suffit. — Il comprend.

La vie toujours la même qui circule dans l'homme peut être comparée à la lumière blanche, chacun des organes à un morceau différent du prisme. Le courant de lumière blanche passe et chacun des organes agit en lui : Ici c'est un organe où la matière est grossière, il représente la base du prisme, les couleurs inférieures vont apparaître ou plutôt les sécrétions les plus grossières.

Là c'est un organe où la matière est à son maximum de perfection, il représente le sommet du prisme, les couleurs supérieures se forment, l'intelligence va naître.

Telles sont les bases de la Médecine occulte (1). Mais ce courant vital, d'où vient-il encore ?

De l'air où le globule sanguin va le chercher pour le charrier à travers l'organisme.

Mais l'Unité magnifique des productions d'Osiris-Isis apparaît encore plus éclatante.

Un même courant circule à travers la Planète et chacun des Individus qui est sur elle y prend sa vie.

L'homme aspire et transforme la Vie terrestre en Vie humaine, comme dans lui le cerveau transformera cette Vie humaine en Vie cérébrale, le foie en Vie hépathique, etc.

L'Animal transforme la Vie terrestre en la sienne propre, selon son espèce.

Le Végétal puise aussi à pleines feuilles sa vie spéciale dans celle de la mère commune la Terre.

Le Minéral et tous les êtres transforment en force personnelle cette force terrestre.

(1) Voy. pour développement *la Médecine nouvelle*, de Louis Lucas.

Toujours l'analogie mathématiquement exacte, avec la lumière blanche et le prisme dont chaque être représente un morceau.

Mais la Terre ne prend-elle pas sa vie et par suite celle de tout ce qu'elle porte dans ce courant lumineux et vital dans lequel elle plonge ?

Le Soleil déverse à pleins flots sa Vie solaire sur les planètes de son système et chacune d'elles transforme la Vie solaire en sa vie propre. La Terre en fait la Vie terrestre ; Saturne la Vie saturnienne, triste et froide; Jupiter sa vie propre, et ainsi pour chacune des autres planètes et de leurs satellites.

Mais le Soleil lui-même ne tire-t-il pas sa Vie solaire, cette lumière-chaleur-électricité qu'il déverse, de l'Univers dont il fait partie ?

Alors le prêtre égyptien, saisissant dans son auguste ensemble la Synthèse de la vie, se prosterne et adore.

Il adore la Vie qui est en lui, cette Vie que la Terre lui a donnée, cette vie que le Soleil a donné à notre Monde, que celui-ci a tirée de l'Univers et que l'Univers a tirée du centre mystérieux et ineffable où l'Être des Êtres, l'Univers des Univers, l'UNITÉ VIE, OSIRIS-ISIS, réside dans son éternelle union.

Il se prosterne et il adore DIEU en lui, DIEU dans le monde, DIEU dans l'Univers, DIEU en DIEU.

La vie que nous avons trouvée partout saurait-elle échapper aux lois communes ?

Le phénomène, quel qu'il soit, révèle toujours et partout son origine trinitaire. Les séries pour aussi grandes qu'elles apparaissent se rangent toutes suivant la mystérieuse loi :

Actif	Passif	Neutre
Positif	Négatif	Equilibré
+	—	∞

Cet homme qui commande en maître dans la famille où il représente le positif va se courber devant la loi de la tribu, et par là devenir négatif.

La Terre qui attire à elle, qui réunit dans son absorbante unité, tous les êtres et les objets situés à sa surface, agissant ainsi comme active, obéit *passivement* à l'attraction du Soleil, son supérieur.

Nous voyons par là apparaître l'absorption des séries inférieures par les séries supérieures et de celles-ci, considérées comme séries inférieures, par une série supérieure, etc., à l'infini (1).

La chaleur apparaît positive dans le Chaud, négative dans le Froid, équilibrée dans le Tempéré.

La Lumière apparaît positive dans la Clarté, négative dans l'Ombre, équilibrée dans la Pénombre.

L'Électricité se montre positive dans le Positif, négative dans le Négatif, équilibrée dans le Neutre.

Mais la Chaleur, la Lumière et l'Électricité ne représentent-elles pas trois phases d'une chose plus élevée (2) ?

Cette chose dont la Chaleur représente le Positif, la

---

(1) Louis Lucas, 3ᵉ loi du *Mouvement*.
(2) Dans la nature, l'électricité n'est qu'un détail comme dans le spectre solaire le rouge n'est qu'une nuance.
Électricité, Chaleur, Lumière sont trois *phases générales* du mouvement dont les nuances intermédiaires sont infinies (Louis Lucas).

Lumière l'Équilibre, l'Électricité le Négatif, c'est la Force de notre Monde.

Remontons expérimentalement à travers les phénomènes ; après la physique traversons la chimie, voyons dans une expérience connue : L'oxygène se rendra au pôle du Mouvement, l'hydrogène au pôle de la Résistance et l'azote tantôt à l'un, tantôt à l'autre de ces deux pôles suivant le rôle qu'il joue dans les combinaisons. Voyons qu'il en est de même absolument des autres corps métalloïdes et métalliques ; retrouvons partout le mouvement acidifiant, le repos alcalinisant et l'équilibre entre les deux représenté par l'azote et ses nuances (1). Quand de progression en progression, d'Univers en Univers nous aurons remonté à la plus haute abstraction, nous verrons une force unique s'opposant à elle-même pour créer dans son activité le Mouvement, dans sa passivité la Matière (2) et dans son équilibre tout ce qui est compris entre la divisibilité et l'unité, les échelons infinis par lesquels la force remonte depuis l'état solide (3) jusqu'aux formes les plus élevées de l'intelligence, du génie, et enfin jusqu'à son origine Dieu, dont l'activité s'appelle le Père ou Osiris, la passivité le Fils ou Isis, et l'équilibre, cause de Tout, image de

---

(1) Louis Lucas, *Chimie nouvelle*, p. 282.

(2) La matière présente une résistance, une résistance c'est-à-dire une force. Car les forces seules sont capables de résistance, et, par cette considération, la matière décèle son origine UNITAIRE identique avec le mouvement initial et élémentaire. Le mot Matière exprime la passivité du mouvement comme le mot Force en désigne l'activité. (Louis Lucas.)

(3) La matière révèle son origine par ses trois principales nuances : Matière positive ou État gazeux, Matière négative ou État solide, Matière équilibrée ou État liquide.

la TRI-UNITÉ qu'il constitue, se nomme Saint-Esprit (1) ou Horus.

Nous tenons maintenant un des plus grands secrets du Sanctuaire, la clef de tous les miracles passés, présents et futurs, la connaissance de cet agent toujours le même et toujours diversement désigné, le Telesma d'Hermès, le Serpent de Moïse et des Indous, l'Azoth des alchimistes, la Lumière astrale des Martinistes et d'Eliphas Levi, enfin le Magnétisme de Mesmer et le Mouvement de Louis Lucas qui a découvert les trois lois qui le dirigent et en a montré l'application aux sciences positives contemporaines.

Déjà nous connaissons les modifications diverses par suite desquelles cet agent universel devient la vie de chaque être. Etudions maintenant son évolution.

Cette émanation suivra universellement trois phases de développement :

Dans une première phase, le passif l'emportera sur l'actif et le résultat sera une passivité, une matérialisation, un éloignement de l'Unité vers la Multiplicité (2).

Dans une seconde phase, l'actif et le passif s'équilibreront; la hiérarchie, la série, apparaîtra, les inférieurs graviteront autour du terme supérieur.

Dans une troisième phase, enfin, l'actif l'emportera sur le passif, l'évolution de la Multiplicité sur l'Unité s'effectuera.

Involution ou Matérialisation progressive.
Equilibre.

(1) Voy. les œuvres de Christian, Eliphas Levi et surtout Lacuria citées dans *l'Occultisme contemporain*.
(2) Voy. *Eureka* d'Edgar Poë et *Chimie nouvelle* de L. Lucas.

Evolution ou spiritualisation progressive.

Telles sont les trois lois du Mouvement.

Du centre mystérieux dans lequel se tient l'ineffable, l'inconcevable En Suph-Parabrahm, une force émane dans l'Infini.

Cette force constituée active-passive, comme ce qui lui a donné naissance, va produire un résultat différent suivant que l'actif ou le passif dominera dans l'action.

La force s'éloigne de l'Unité pour gagner le Multiple, la Division ; aussi le passif, créateur du Multiple, domine-t-il à ce moment. La production est surtout passive, matérielle ; la force se matérialise.

L'intelligence s'écorcifie peu à peu, se revêt d'enveloppes qui représentent d'abord l'état de la matière le plus proche des essences : la matière radiante.

A ce moment une masse, énorme pour les conceptions humaines, infime aux yeux de l'Infini, traverse l'Espace. Sur les planètes inférieures des Mondes qu'elle fend dans sa course, les instruments se dressent et du haut des observatoires les mortels annoncent : Une comète traverse notre système.

Sur les planètes supérieures de ces Mondes les immortels se prosternent et adorent religieusement la divine lumière qui accomplit le sacrifice d'où doit naître son retour à l'Unité. Ils s'inclinent et s'écrient : L'Esprit de Dieu traverse notre Monde.

Cependant, plus la masse s'éloigne de l'Unité, plus la matérialisation s'accentue. La Matière à l'Etat gazeux apparaît, remplissant en grande partie la masse qui ralentit sa course en un point de l'espace. Le savant qui l'aperçoit annonce aux mortels une nébuleuse, la Naissance d'un système planétaire; l'Immortel conçoit la Naissance d'un Dieu.

L'état le plus passif a pris naissance, les agglomérations solides sont nées ; mais en même temps la force active se dégage peu à peu et vient équilibrer la force passive. La vie se concentre au centre du système dans un Soleil et les planètes reçoivent d'autant plus son influence qu'elles en sont plus proches, qu'elles sont moins matérielles, de même que le Soleil reçoit une influence d'autant plus active qu'il est plus près de la VIE-PRINCIPE d'où il est émané.

C'est alors que la force active l'emporte définitivement sur la force passive, les planètes se sont groupées autour du centre prépondérant, l'être vivant qu'on appelle un Monde a pris naissance ; il est organisé et lentement il évolue vers l'Unité d'où il était parti.

Sur chacune des planètes la loi qui a donné naissance au Monde se répète, identique. Le Soleil agit vis-à-vis des planètes comme l'UNITÉ-VIE agissait vis-à-vis du Soleil. La planète est d'autant plus matérielle qu'elle est plus éloignée de lui.

D'abord en ignition, puis gazeuse, puis liquide, quelques agglomérations solides apparaissent au sein de cette masse liquide, les continents prennent naissance.

Puis l'évolution de la Planète vers son Soleil commence et la Vie planétaire s'organise. La force active l'emporte ici encore sur la force matérielle, passive.

Les productions qui vont naître sur la planète suivront les mêmes phases que celle-ci a subies vis-à-vis du Soleil.

Les continents en se solidifiant condensent dans leur sein la force en ignition qui formait primitivement la planète. Cette force vitale terrestre, qui n'est qu'une émanation de la force vitale solaire, agit sur la Terre et les rudiments vitaux se développent en constituant les métaux plus inférieurs (1).

De même que ce Monde évolue vers la Vie de son Univers en se créant une âme (2), ensemble de toutes les âmes planétaires renfermées en lui ; de même que chaque planète évolue vers l'âme de son monde en créant son âme planétaire, ensemble des âmes que cette planète renferme ; de même le métal, premier terme de la vie sur la planète, évolue à travers ses divers âges une âme vers l'âme de la terre. Ce métal d'abord inférieur se perfectionne de plus en plus, devient capable de fixer plus de force active et en quelques centaines d'années la vie qui circulait jadis dans le plomb circule maintenant dans une masse d'or (3), le Soleil des métaux, agissant vis-à-vis d'eux comme le Soleil vis-à-vis de la terre.

La vie progresse de même à travers le végétal et, quelques milliers d'années après, la production la plus élevée du continent apparaît, l'homme qui représente le Soleil de l'animalité comme l'Or représentait le soleil de la minéralité.

---

(1) Ici commence l'évolution conçue d'après les modernes qui n'ont pas vu son *côté descendant* connu parfaitement des anciens.

(2) Voir pour éclaircissement de cette assertion la création de l'âme humaine.

(3) Fondement de la doctrine alchimique. Voy. pour cette idée d'évolution de la même vie dans des corps de plus en plus parfaits la loi indoue du KARMA.

La loi progressive va se retrouver dans l'homme comme dans tout le reste de la nature ; mais ici quelques considérations sont nécessaires à propos de la simultanéité des progressions.

Reportons-nous en arrière et nous nous rappellerons qu'au moment de la Naissance d'un Monde d'autres existaient déjà qui avaient accompli à des degrés différents l'évolution vers l'Unité. Si bien qu'il y avait des Mondes plus ou moins vieux.

Il y a de même différents âges dans les planètes, différents âges dans leurs productions. Quand une planète évolue pour la première fois le premier vestige du règne Minéral, une autre plus âgée dans ses productions vitales a déjà évolué le premier règne animal, une autre enfin plus âgée encore a déjà évolué le premier règne de l'homme.

De même qu'il y a des planètes de divers âges, de même il y a des continents plus ou moins âgés sur une même planète.

Chaque continent est couronné par une race d'hommes comme chaque monde est couronné par un Soleil.

Comme la progression existe aussi parmi les hommes, il s'ensuit qu'au moment où la deuxième race d'hommes apparaît sur le second continent évolué par la planète, la première race d'hommes évoluée sur le premier continent y est en plein développement intellectuel, tandis que la dernière venue est sauvage et abrutie (1).

(1) Voy. *la Mission des Juifs* et les doctrines philosophiques de la Science ésotérique répandues par la Société Théosophique dont l'organe est *le Lotus*, à Paris.

Le même fait se retrouve éclatant de vérité dans la famille où nous voyons le fondateur, l'aïeul, rempli d'expérience, mais abattu par la vieillesse, tandis que le dernier né est aussi ignorant que plein de vie. Entre eux deux existent toutes les gradations et le père représente la virilité dans tout son développement tandis que le grand-père établit la transition entre lui et l'aïeul.

Enfant, Père, Grand-Père, Aïeul

représentent donc dans la famille cette évolution que nous retrouvons dans la nature entière.

Les Êtres, quels qu'ils soient, sont formés en dernière analyse de trois parties constituantes : le corps, la vie ou l'esprit, et l'âme.

L'évolution d'un corps produit une vie, l'évolution d'une vie produit une âme.

Vérifions ces données en les appliquant à l'homme.

Chaque continent se couronne, je le répète, d'une race différente d'hommes représentant le terme supérieur de l'évolution matérielle sur la planète.

Dans chaque homme trois parties se montrent : le ventre, la poitrine, la tête. A chacune de ces parties sont attachés des membres. Le ventre sert à fabriquer le corps, la poitrine sert à fabriquer la vie, la tête sert à fabriquer l'âme.

Le but de chaque être que la nature crée est de donner naissance à une force d'ordre supérieur à celle qu'il reçoit. Le minéral reçoit la vie terrestre et doit la transformer en vie végétale par son évolution ; le **végétal** donner naissance à la vie animale et celle-ci à la vie humaine.

La vie est donnée à l'homme pour qu'il la transforme en une force plus élevée : l'âme. — L'âme est une résultante (1).

Le but de l'homme est donc avant tout de développer en lui cette âme qui ne s'y trouve qu'en germe et, si une existence ne suffit pas, plusieurs seront nécessaires (2).

Cette idée, cachée par les initiations aux profanes, se retrouve dans tous les auteurs qui ont pénétré profondément dans la connaissance des lois de la nature. C'est une des principales divulguées par l'étude du Boudhisme ésotérique dans les temps modernes ; mais l'antiquité ainsi que quelques écrivains occidentaux ne l'ont jamais ignorée.

« C'est ainsi en effet que Dieu lui-même, par la connaissance intime de l'absolu qui est son essence, identifie perpétuellement avec son savoir l'être qui lui corres-

---

(1) L'âme est une création originale nous appartenant en propre et présentant à l'éternité le flanc de sa responsabilité (Louis Lucas, *Médecine nouvelle*, p. 33).
Le son représentant la force vitale produit autre chose dans sa diversité extrême : il produit la TONALITÉ, d'où naît l'effet général ou l'âme ; avec sa valeur spéciale et relative. Un orchestre est un organisme matériel, avec tous ses appareils composés ; les sons, leurs HARMONIES, leurs combinaisons immenses ; c'est le jeu des forces vitales ; c'est l'étoffe du corps d'où l'âme se crée et s'élève, comme de la tonalité se crée un sentiment général, définitif et résultantiel. Ainsi la tonalité GÉNÉRALE qui est étrangère et à l'instrument inerte par lui-même, et aux harmonies croisées qui sont en jeu : voilà l'AME du concert, etc. (Id.)

(2) En lisant les divers auteurs qui traitent de l'âme, il faut bien prendre garde du sens qu'ils attribuent à ce mot. Les uns appellent âme ce que j'appelle ici *vie et esprit*, et esprit le troisième terme que j'appelle âme. L'idée est la même partout, l'emploi des termes seuls varie.

pond dans son essence absolue; et c'est ainsi manifestement que Dieu opère sans cesse sa création propre ou son immortalité. Et par conséquent, puisque l'homme est créé à l'image de Dieu, c'est par le même moyen qu'il doit conquérir son immortalité, en opérant ainsi sa création propre par la découverte de l'essence de l'absolu, c'est-à-dire des conditions elles-mêmes de l'existence de la vérité (1). »

Fabre d'Olivet, dans l'admirable résumé qu'il a fait de la doctrine de Pythagore, nous montre en quelques pages le résumé de la psychologie antique. Il suffit de le lire et de le comparer aux doctrines du Boudhisme ésotérique pour connaître un des plus grands secrets renfermés dans les sanctuaires.

Voici ce résumé :

« Pythagore admettait deux mobiles des actions humaines, la puissance de la Volonté, et la nécessité du Destin ; il les soumettait l'un et l'autre à une loi fondamentale appelée la Providence, de laquelle ils émanaient également.

« Le premier de ces mobiles était libre et le second contraint : en sorte que l'homme se trouvait placé entre deux natures opposées, mais non pas contraires, indifféremment bonnes ou mauvaises, suivant l'usage qu'il savait en faire. La puissance de la Volonté s'exerçait sur les choses à faire ou sur l'avenir ; la nécessité du Destin, sur les choses faites ou sur le passé ; et l'une ali-

---

(1) Wronski, *Lettre au pape*. — Voir la liste des œuvres de Wronski dans *l'Occultisme contemporain*.

mentait sans cesse l'autre, en travaillant sur les matériaux qu'elles se fournissaient réciproquement.

« Car selon cet admirable philosophe c'est du passé que naît l'avenir, de l'avenir que se forme le passé et de la réunion de l'un et de l'autre que s'engendre le présent toujours existant, duquel ils tirent également leur origine : idée très profonde, que les stoïciens avaient adoptée. Ainsi, d'après cette doctrine, la Liberté règne dans l'avenir, la Nécessité dans le passé et la Providence sur le présent. Rien de ce qui existe n'arrive par hasard, mais par l'union de la loi fondamentale et providentielle avec la volonté humaine qui la suit ou la transgresse, en opérant sur la Nécessité.

« L'accord de la Volonté et de la Providence constitue le bien, le mal naît de leur opposition. L'homme a reçu, pour se conduire dans la carrière qu'il doit parcourir sur la terre, trois forces appropriées à chacune des trois modifications de son être, et toutes trois enchaînées à sa volonté.

« La première, attachée au corps, est l'instinct ; la seconde, dévouée à l'âme, est la vertu ; la troisième, appartenant à l'intelligence, est la science ou la sagesse. Ces trois forces, indifférentes par elles-mêmes, ne prennent ce nom que par le bon usage que la volonté en fait, car, dans le mauvais usage, elles dégénèrent en abrutissement, en vice et en ignorance. L'instinct perçoit le bien ou le mal physiques résultant de la sensation ; la vertu connaît le bien et le mal moraux existant dans le sentiment ; la science juge le bien ou le mal intelligibles qui naissent de l'assentiment. Dans la sensation le bien et le mal s'appellent plaisir ou douleur ; dans le sentiment, amour ou haine ; dans l'assentiment, vérité ou erreur.

« La sensation, le sentiment et l'assentiment résidant dans le corps, dans l'âme et dans l'esprit, forment un ternaire qui, se développant à la faveur d'une unité relative, constitue le quaternaire humain ou l'Homme considéré abstractivement.

« Les trois affections qui composent ce ternaire agissent et réagissent les unes sur les autres, et s'éclairent ou s'obscurcissent mutuellement ; et l'unité qui les lie, c'est-à-dire l'Homme, se perfectionne ou se déprave, selon qu'elle tend à se confondre avec l'Unité universelle ou à s'en distinguer.

« Le moyen qu'elle a de s'y confondre ou de s'en distinguer, de s'en rapprocher ou de s'en éloigner, réside tout entier dans sa volonté, qui, par l'usage qu'elle fait des instruments que lui fournissent le corps, l'âme et l'esprit, s'instinctifie ou s'abrutit, se rend vertueuse ou vicieuse, sage ou ignorante et se met en état de percevoir avec plus ou moins d'énergie, de connaître et de juger avec plus ou moins de rectitude ce qu'il y a de bon, de beau et de juste dans la sensation, le sentiment ou l'assentiment ; de distinguer avec plus ou moins de force et de lumière le bien et le mal ; et de ne point se tromper enfin dans ce qui est réellement plaisir ou douleur, amour ou haine, vérité ou erreur.

« L'Homme tel que je viens de le dépeindre, d'après l'idée que Pythagore en avait conçue, placé sous la domination de la Providence, entre le passé et l'avenir, doué d'une volonté libre par son essence et se portant à la vertu ou au vice de son propre mouvement, l'Homme, dis-je, doit connaître la source des malheurs qu'il éprouve nécessairement et, loin d'en accuser cette même Providence qui dispense les biens et les maux à chacun selon son mérite et ses actions antérieures, ne s'en prendre qu'à lui-même s'il souffre par une suite inévitable de ses fautes passées ; car Pythagore admettait plusieurs existences successives et soutenait que le présent qui nous frappe, et l'avenir qui nous menace ne sont que l'expression du passé qui a été notre ouvrage dans les temps antérieurs. Il disait que la plupart des hommes perdent, en revenant à la vie, le souvenir de ces existences passées ; mais que, pour lui, il devait à une faveur particulière des Dieux d'en conserver la mémoire.

« Ainsi, suivant sa doctrine, cette nécessité fatale dont l'Homme ne cesse de se plaindre, c'est lui-même qui l'a créée par l'emploi de sa volonté ; il parcourt, à mesure qu'il avance dans le temps, la route qu'il s'est déjà tracée à lui-même ; et, suivant qu'il la modifie en bien ou en mal, qu'il y sème, pour ainsi dire, ses vertus et ses vices, il la retrouvera plus douce ou plus pénible lorsque le temps sera venu de la parcourir de nouveau (1). »

Je joins à cette importante citation un tableau qui permettra de voir le système dans son ensemble. J'ai fait mon possible pour être clair ; si quelque erreur s'est

(1) Fabre d'Olivet, *Vers dorés*, pp. 249 et 251.

glissée dans ce travail, il sera facile d'y remédier en se reportant au texte.

La partie gauche du tableau représente les principes positifs désignés par le signe (+).

La partie droite, les signes négatifs désignés par le signe (—).

Enfin la partie médiane, les signes équilibrés ou supérieurs désignés par le signe (∞).

En bas et à gauche du tableau est le résumé du ternaire humain : AME, — INTELLIGENCE — CORPS, indiqué par les signes ci-dessus.

DE SCIENCE OCCULTE 77

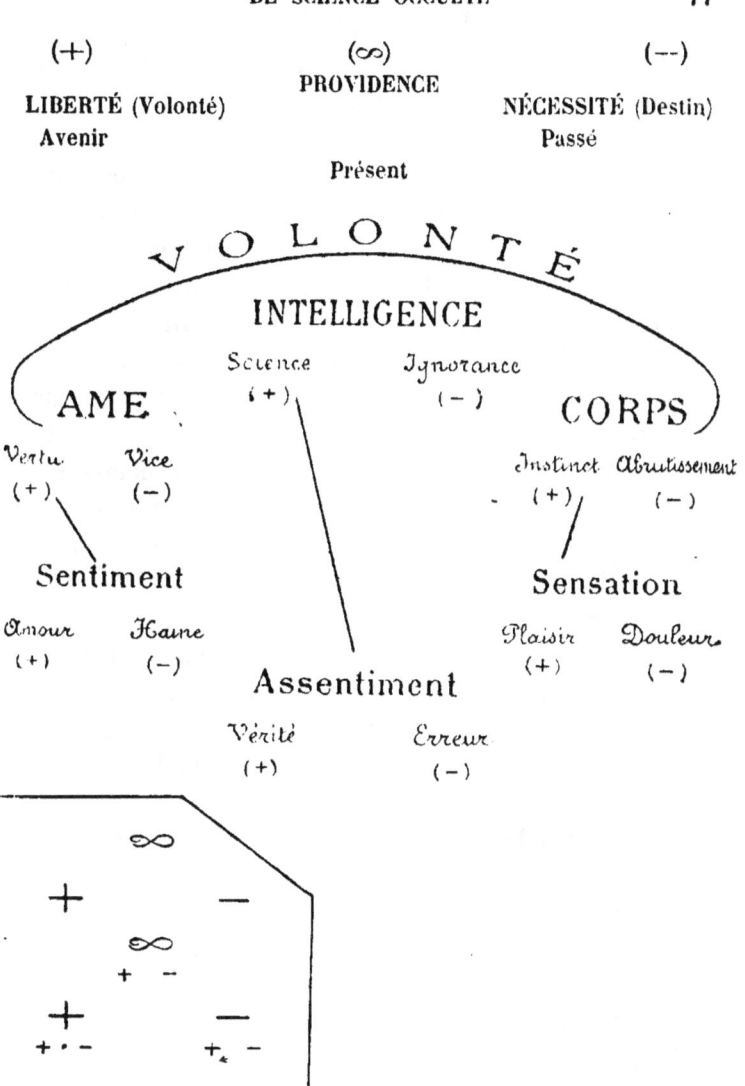

(+)   (∞)   (--)
PROVIDENCE
LIBERTÉ (Volonté)   NÉCESSITÉ (Destin)
Avenir   Passé
Présent

VOLONTÉ
INTELLIGENCE
Science   Ignorance
(+)   (−)
AME   CORPS
Vertu Vice   Instinct Abrutissement
(+) (−)   (+) (−)
Sentiment   Sensation
Amour Haine   Plaisir Douleur
(+) (−)   (+) (−)
Assentiment
Vérité Erreur
(+) (−)

L'enseignement du Temple se réduisait uniquement à l'étude de la force universelle dans ses diverses manifestations.

Etudiant d'abord la Nature naturée, la nature des phénomènes, des effets, l'aspirant à l'initiation apprenait les sciences physiques et naturelles. Quand il avait constaté que tous ces effets dépendaient d'une même série de causes, quand il avait réduit la multiplicité des faits dans l'unité des Lois, l'initiation ouvrait pour lui le Monde des Causes. C'est alors qu'il pénétrait dans l'étude de la Nature naturante en apprenant les Lois de la Vie toujours la même dans ses diverses manifestations ; la connaissance de la Vie des Mondes et des Univers lui donnait les clefs de l'Astrologie, la connaissance de la Vie terrestre lui donnait les clefs de l'Alchimie.

Montant encore d'un degré dans l'échelle de l'initiation, l'aspirant retrouvait dans l'homme la réunion des deux natures, naturante et naturée, et pouvait de là s'élever à la conception d'une force unique dont ces deux natures représentaient les deux pôles.

Peu d'entre les hommes atteignaient la pratique et la connaissance des sciences supérieures qui conféraient des pouvoirs presque divins. Parmi ces sciences, qui traitaient de l'essence divine et de sa mise en action dans la Nature par son alliance avec l'homme, se trouvaient la Théurgie, la Magie, la Thérapeutique sacrée et l'Alchimie dont l'aspirant avait entrevu l'existence au 2ᵉ degré de son initiation.

« Il n'y a pas eu qu'un seul ordre, l'ordre naturel,

d'étudié dans la science antique ; il y en a eu quatre, comme je l'ai indiqué dans les chapitres précédents.

« Trois d'entre eux embrassaient la Nature naturante, la Nature naturée et enfin la Nature humaine qui leur sert de lien ; et leur hiérogramme était ÉVÈ, la Vie.

« Le quatrième, représenté dans la tradition moïsiaque par la première lettre du nom de IEVE, correspondait à une tout autre hiérarchie de connaissances, marquée du nombre dix (1). »

« Un fait certain, c'est que dans ce cycle de civilisation, l'Unité du Genre humain dans l'Univers, l'Unité de l'Univers en Dieu, l'Unité de Dieu en Lui-Même étaient enseignées non pas comme une superstition primaire, obscure et obscurantiste, mais comme le couronnement lumineux, éblouissant, d'une quadruple hiérarchie de sciences, animant un culte biologique, dont le Sabéisme était la forme.

« Le nom du Dieu suprême de ce cycle, Iswara, Epoux de la Sagesse vivante, de la Nature naturante, Pracriti, est le même que Moïse tira, près de cinquante siècles ensuite, de la Tradition Kaldéenne des Abramides et des sanctuaires de Thèbes pour en faire le symbole cyclique de son mouvement : Iswara-El, ou, par contraction, Israël, Intelligence ou Esprit royal de Dieu (2). »

D'après ce qui précède on voit que l'enseignement de la science antique se réduisait aux quatre degrés suivants :

---

(1) Saint-Yves, p. 121.
(2) Saint-Yves d'Alveydre, p. 99.

1° Étude de la force universelle dans ses manifestations vitales. — Sciences physiogoniques ה

2° Étude de cette force dans ses manifestations humaines. — Sciences androgoniques ו

3° Étude de cette force dans ses manifestations astrales. — Sciences cosmogoniques ה

4° Étude de cette force dans son essence et mise en pratique des principes découverts. — Sciences théogoniques ו

Chapitre 4

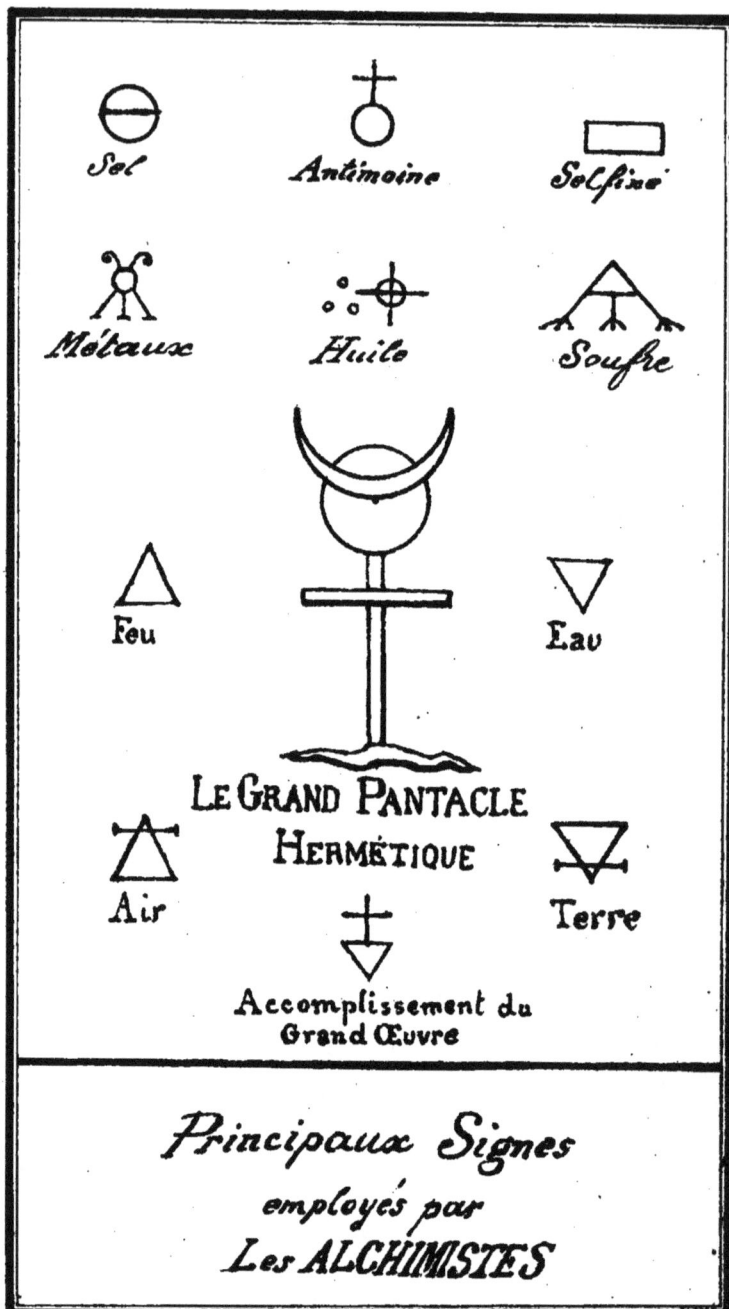

CHAPITRE IV

DE L'EXPRESSION DES IDÉES. — LES SIGNES. — ORIGINE DU LANGAGE. — LES HISTOIRES SYMBOLIQUES ET LEUR INTERPRÉTATION. — LA TABLE D'ÉMERAUDE D'HERMÈS ET SON EXPLICATION. — LE TELESME. — L'ALCHIMIE. — EXPLICATION DES TEXTES HERMÉTIQUES. — LA GÉOMÉTRIE QUALITATIVE. — LES NOMS PROPRES ET LEUR UTILITÉ.

Poursuivant jusqu'au fond du sanctuaire notre étude de la science antique nous avons successivement abordé les idées les plus générales qu'elle renfermait.

Mais là ne doit point se borner notre œuvre.

L'idée, tant qu'elle reste dans le cerveau de son créateur, est invisible pour le reste des hommes.

Ceux-ci ne pouvant, en général, communiquer entre eux que par les sens ne percevront cette idée qu'une fois sensibilisée.

L'idée c'est l'invisible. Pour rendre visible cet invisible, il faut employer un signe.

J'entends par Signe tout moyen extérieur dont l'homme se sert pour manifester ses idées.

Les éléments du Signe sont : la voix, le geste et les caractères tracés.

Ses matériaux : le son, le mouvement et la lumière (1).

C'est l'étude des Signes qu'il nous faut maintenant entreprendre afin de voir la façon dont le prêtre égyptien exprimait les idées qu'il avait reçues de l'initiation.

Quel plus beau sujet de recherches pour le penseur que celui de l'origine des langues humaines ?

Il est curieux de voir deux hommes d'une pénétration et d'une érudition remarquables, Claude de Saint-Martin, le philosophe inconnu, et Fabre d'Olivet, arriver par des voies différentes à des conclusions presque identiques au sujet de cette importante question.

Tous deux se révoltent contre le système des sensualistes, repris dans ces derniers temps par les positivistes, affirmant que les langues sont le résultat arbitraire des caprices humains, et tous deux ont été conduits dans leur étude par la connaissance profonde de la langue hébraïque.

Qui faut-il croire ? Ceux qui ne savent à peine qu'une ou deux langues modernes sans connaître leurs origines, ou ceux qui se sont élevés par l'étude de toutes les langues antiques jusqu'à la connaissance des trois langues mères, le Chinois, le Sanscrit et l'Hébreu (2), ceux qui de l'origine des races humaines proclament l'existence d'une RAISON élevée ?

« De quelque manière que l'on envisage l'origine du genre humain, le germe radical de la pensée n'a pu lui

---

(1) Fabre d'Olivet, *Lang., héb. rest.* Voy. aussi Claude de Saint-Martin, *le Crocodile.*

(2) Fabre d'Olivet, *Lang. héb. rest.*, Dissertation, introduct.

être transmis que par un signe et ce signe suppose une idée mère (1).

« Oui, si je ne suis point trompé par la faiblesse de mon talent, je ferai voir que les mots qui composent les langues, en général, et ceux de la langue hébraïque en particulier, loin d'être jetés au hasard et formés par l'explosion d'un caprice arbitraire, comme on l'a prétendu, sont, au contraire, produits par une raison profonde; je prouverai qu'il n'en est pas un seul qu'on ne puisse, au moyen d'une analyse grammaticale bien faite, ramener à des éléments fixes, d'une nature immuable pour le fond, quoique variable à l'infini pour la forme.

« Ces éléments, tels que nous pouvons les examiner ici, constituent cette partie du discours à laquelle j'ai donné le nom de *Signe*. Ils comprennent, je l'ai dit, la voix, le geste et les caractères tracés (2).

« Remontons encore plus haut et nous allons voir l'origine de ces Signes :

« J'ai désigné comme éléments de la Parole, la voix, le geste et les caractères tracés; comme moyens, le son, le mouvement et la lumière ; mais ces éléments et ces moyens existeraient vainement, s'il n'existait pas en même temps une puissance créatrice, indépendante d'eux, qui se trouve intéressée à s'en emparer et capable de les mettre en œuvre. Cette puissance, c'est la Volonté.

« Je m'abstiens de nommer son principe; car outre qu'il serait difficilement conçu, ce n'est pas ici le lieu

---

(1) Saint-Martin, *les Signes et les Idées* (dans *le Crocodile*).
(2) Fabre d'Olivet, *la Lang. héb. restituée.*

d'en parler. Mais l'existence de la Volonté ne saurait être niée, même par le sceptique le plus déterminé, puisqu'il ne pourrait la révoquer en doute sans le vouloir, et par conséquent sans la reconnaître.

« Or, la voix articulée, et le geste affirmatif ou négatif, ne sont et ne peuvent être que l'expression de la Volonté. C'est elle, c'est la Volonté, qui, s'emparant du son et du mouvement, les force à devenir ses interprètes, et à réfléchir au dehors ses affections intérieures.

« Cependant si la Volonté est une, toutes ses affections quoique diverses doivent être identiques, c'est-à-dire être respectivement les mêmes pour tous les individus qui les éprouvent. Ainsi, un homme voulant, et affirmant sa volonté par le geste, ou par l'inflexion vocale, n'éprouve pas une autre affection que tout homme qui veut et affirme la même chose. Le geste et le son de voix qui accompagnent l'affirmation ne sont point ceux destinés à peindre la négation ; et il n'est pas un seul homme sur la terre auquel on ne puisse faire entendre par le geste, ou par l'inflexion de la voix, qu'on l'aime ou qu'on le hait, qu'on veut ou qu'on ne veut pas une chose qu'il présente. Il ne saurait là y avoir de convention. C'est une puissance identique, qui se manifeste spontanément, et qui, rayonnant d'un foyer volitif, va se réfléchir sur l'autre.

« Je voudrais qu'il fût aussi facile de démontrer que c'est également sans convention, et par la seule force de la Volonté, que le geste ou l'inflexion vocale affectés à l'affirmation ou à la négation se transforment en des mots divers ; et comment il arrive, par exemple, que les mots oui et non (1) ayant le même sens et entraînant la même inflexion et le même geste, n'ont pourtant pas le même son ; mais si cela était aussi facile, comment l'origine de la Parole serait-elle restée jusqu'à présent inconnue ?

« Comment tant de savants, armés tour à tour de la synthèse et de l'analyse, n'auraient-ils pas résolu une question aussi importante pour l'homme ? Il n'y a rien de conventionnel dans la Parole, j'espère le faire sentir à ceux de mes lecteurs qui voudront me suivre avec attention ; mais je ne promets pas de leur prouver une vérité de cette nature à la manière des géomètres ; sa possession est d'une trop haute importance pour qu'on doive la renfermer dans une équation algébrique.

« Revenons. Le son et le mouvement mis à la disposition de la Volonté sont modifiés par elle ; c'est-à-dire qu'à la faveur de certains organes appropriés à cet effet le son est articulé et changé en voix ; le mouvement est déterminé et changé en geste. Mais la voix et le geste n'ont qu'une durée instantanée, fugitive. S'il importe à la volonté de l'homme de faire que le souvenir des affections qu'elle manifeste au dehors survive aux affections elles-mêmes, et cela lui importe presque toujours, alors, ne trouvant aucune ressource pour fixer ni peindre le son, elle s'empare du mouvement, et à l'aide de la main, son organe le plus expressif, trouve, à force d'efforts, le secret de dessiner sur l'écorce des arbres, ou de graver sur la pierre, le geste qu'elle a d'abord déterminé.

(1) כה et לא.

« Voilà l'origine des caractères tracés, qui, comme image du geste et symbole de l'inflexion vocale, deviennent l'un des éléments les plus féconds du langage, étendent rapidement son empire et présentent à l'homme un moyen inépuisable de combinaison. Il n'y a rien de conventionnel dans leur principe, car *non* est toujours non et *oui* est toujours oui : un homme est un homme. Mais comme leur forme dépend beaucoup du dessinateur, qui éprouve le premier la volonté de peindre ses affections, il peut s'y glisser assez d'arbitraire, et elle peut varier assez pour qu'il soit besoin d'une convention pour assurer leur authenticité et autoriser leur usage. Aussi n'est-ce jamais qu'au sein d'une peuplade avancée dans la civilisation et soumise aux lois d'un gouvernement régulier qu'on rencontre l'usage d'une écriture quelconque. On peut être sûr que là où sont les caractères tracés, là sont aussi les formes civiles. Tous les hommes parlent et se communiquent leurs idées, tels sauvages qu'ils puissent être, pourvu qu'ils soient des hommes ; mais tous n'écrivent pas, parce qu'il n'est nullement besoin de convention pour l'établissement d'un langage, tandis qu'il en est toujours besoin pour celui d'une écriture.

« Cependant quoique les caractères tracés supposent une convention, ainsi que je viens de le dire, il ne faut point oublier qu'ils sont le symbole de deux choses qui n'en supposent pas, l'inflexion vocale et le geste. Celles-ci naissent de l'explosion spontanée de la Volonté. Les autres sont le fruit de la réflexion (1). »

(1) Fabre d'Olivet, *Lang. héb. rest.*, chap. IV, § 1.

En possession des signes capables d'exprimer son idée, l'initié devait encore se plier à une autre considération : le choix de son lecteur futur.

Il fallait créer une langue s'adaptant d'avance à l'intelligence de celui à qui elle était destinée, une langue telle qu'un mot, ne présentant au vulgaire qu'un ensemble de signes bizarres, devînt pour le voyant une révélation :

« Bien aultrement faisaient, au temps jadis, les sages d'Egypte quand ils écrivaient par lettres qu'ils appelaient hiéroglyphes lesquelles nul n'entendait qui n'entendît, et un chacun entendait qui entendît la VERTU, PROPRIÉTÉ et NATURE des choses par icelles figurées.

« Desquelles Orus Apollon a en grec composé deux livres et Polyphile au songe d'amour en a davantage exposé. » (Rabelais, liv. I, chap. IX.)

L'idée théorique qui présida au choix de cette langue fut celle de la gradation hiérarchique Ternaire, les TROIS MONDES indiqués par Rabelais dans la citation ci-dessus.

Cette idée d'enfermer certaines connaissances dans un cercle spécial est tellement commune à toutes les époques que nous voyons, en ce siècle de divulgation et de diffusion à outrance, les sciences communes, mathématiques, histoire naturelle, médecine, s'entourer d'un rempart de mots spéciaux. Pourquoi s'étonner de retrouver le même usage en action parmi les anciens ?

Reportons-nous au triangle des trois mondes FAITS-LOIS-PRINCIPES, et nous allons voir l'initié en possession de trois moyens différents d'exprimer une idée par le *sens positif*, le *sens comparatif* ou le *sens superlatif*.

1° — L'initié peut se servir de mots compris par tous en changeant simplement la valeur des mots suivant la classe d'intelligences qu'il veut instruire.

Prenons un exemple simple tel que l'idée suivante :
Un enfant nécessite un père et une mère.

S'adressant à tous, sans distinction aucune de classe, l'écrivain parlera au sens positif et dira :
Un enfant nécessite un père et une mère.

S'il veut retrancher de la compréhension de cette idée les gens à l'intelligence matérielle, ceux qu'on désigne sous le terme collectif de : le Vulgaire, il parlera au sens comparatif, montant du domaine des FAITS dans le domaine des LOIS en disant :
Le Neutre nécessite un positif et un négatif.
L'Équilibre nécessite un actif et un passif.

Les gens qui sont versés dans l'étude des Lois de la nature, ceux qu'on désigne en général à notre époque sous le nom de *savants*, comprendront parfaitement le sens de ces Lois inintelligibles pour le paysan.

Mais faut-il retrancher de la connaissance d'une vérité ces savants devenus théologiens ou persécuteurs, l'écrivain s'élève encore d'un degré, il pénètre de plain pied dans le domaine de la symbolique en entrant dans le MONDE des PRINCIPES et dit :
La Couronne nécessite la Sagesse et l'Intelligence.

Le Savant, habitué à résoudre les problèmes qui se présentent à lui, comprend les mots isolément, mais ne peut saisir le rapport qui les lie. Il est capable de donner un sens à cette phrase ; mais la base solide lui manque ; il n'est pas sûr d'interpréter exactement ;

aussi hausse-t-il les épaules quand des phrases analogues à celle-là lui apparaissent dans les livres hermétiques et passe-t-il outre en s'écriant : Mysticisme et Fourberie !

N'était-ce pas là le désir de l'écrivain ?

2° — L'initié peut employer des signes différents suivant ceux à qui il veut s'adresser.

C'était cette mode qu'employaient de préférence les prêtres égyptiens qui écrivaient en hiéroglyphes, en langue phonétique ou en langue idéograghique suivant le cas (1).

Mais éclairons encore ceci par des exemples en employant, pour plus de clarté, la même idée que dans le premier cas :

Un enfant nécessite un père et une mère.

S'adressant à la masse, le prêtre dessinera tout simplement un enfant entre son père et sa mère ou dira la phrase textuelle.

S'il veut restreindre le nombre des lecteurs, il abordera le Monde des Lois et les signes algébriques compris du savant viendront s'aligner ainsi :

Soit le signe ∞ désignant le neutre, l'enfant, on écrira :

∞ nécessite + et — ou (+) + (—) = (∞)

S'il veut encore restreindre le domaine de la compréhension, il abordera les signes idéographiques correspondant aux principes et dira :

astrologiquement : ☉ + ☽ = ☿

ou géométriquement : | + —— = +

(1) Voir Fabre d'Olivet et Saint-Yves d'Alveydre.

Nous verrons tout à l'heure que ces signes, qui ont encore le don d'exaspérer les curieux, ne sont pas pris arbitrairement ; mais qu'au contraire une raison profonde préside à leur choix.

3° — L'emploi de la géométrie qualitative permet encore une autre méthode : c'est l'emploi d'un seul et même signe qui peut être pris dans des sens différents suivant l'entendement du lecteur.

Ainsi le signe suivant ! ⊙
ne représentera pour l'illettré qu'un point dans un rond.

Le savant comprendra que ce signe représente une circonférence et son centre ou, astronomiquement, le Soleil et par extension la vérité (il est rare que le savant dépasse ce degré).

L'initié y verra le Principe et son développement, l'Idée dans sa cause, Dieu dans l'Eternité outre les sens précédents. Tout à l'heure nous verrons l'origine de ces interprétations.

Les méthodes dont je viens de parler ont surtout servi à traiter les sujets les plus cachés de l'initiation, on en retrouve l'emploi dans les livres hermétiques et dans les rites de Magie. Il existe un autre moyen employé par toute l'antiquité pour transmettre les vérités découvertes dans les sanctuaires, je veux parler des histoires symboliques.

Quel meilleur moyen pour transmettre une vérité que d'intéresser l'imagination au lieu de la mémoire? Racontez une histoire au paysan, il la retiendra et, de veillée en veillée, les aventures de Vulcain et de Vénus gagneront la postérité. En sera-t-il de même des Lois de Kepler ?

J'ai peine, je l'avoue, à me figurer une brave paysanne assise au coin du feu et énumérant les lois astronomiques. L'histoire symbolique contient cependant des vérités autrement importantes.

Le paysan n'y voit qu'un exercice agréable d'imagination ; le savant y découvre avec étonnement les lois de la marche du Soleil, et l'initié décomposant les noms propres y voit la clef du grand œuvre et par là comprend les trois sens que cette histoire renferme (1).

J'ai tenu à donner ces méthodes dans un certain ensemble afin de mettre le lecteur à même de les connaître d'un coup d'œil.

Il nous faut maintenant revenir sur chacune d'elles en fournissant certains développements qui permettent d'en voir clairement la mise en œuvre.

I

A la première méthode se rattache un résumé admirable de la Science occulte théoriquement et pratique-

---

(1) « La tradition alchimiste veut que l'initiateur ne parle que par paraboles ou au moyen de fables allégoriques, mais non pas de fables inventées à plaisir. Dans le grand œuvre, il n'y a qu'un fait majeur : c'est la transmutation qui se fait suivant des phases admises. Or, comment ne peut-on pas comprendre que la description de ces phases va être abordée avec des sujets différents par tel ou tel auteur. Remarquez que le nouveau venu se piquera toujours d'être plus fort en imagination que son devancier. Les Indous racontent l'incarnation de Vichnou ; les Egyptiens le voyage d'Osiris ; les Grecs la navigation de Jason ; les Druides les mystères de Thot ; les chrétiens, d'après Jean Dée, la passion de Jésus-Christ ; les Arabes, les péripéties d'Aladin et de la lampe merveilleuse. » (Louis Lucas, *Roman alchimique*, p. 171.)

ment, une synthèse lumineuse devant laquelle les initiés se sont toujours inclinés avec respect, je veux parler de la Table d'Émeraude attribuée à Hermès Trismégiste.

Analysons cette page et nous allons y retrouver les idées abordées dans les chapitres précédents ; mais auparavant donnons-en l'ensemble.

TABLE D'ÉMERAUDE D'HERMÈS

« Il est vrai, sans mensonge, très véritable.

« Ce qui est en bas est comme ce qui est en haut et ce qui est en haut est comme ce qui est en bas pour faire les miracles d'une seule chose.

« Et comme toutes choses ont été et sont venues d'Un, ainsi toutes choses sont nées dans cette chose unique par adaptation.

« Le soleil en est le père, la lune en est la mère, le vent l'a porté dans son ventre, la terre est sa nourrice ; le père de tout, le Thélème de tout le monde est ici ; sa force est entière si elle est convertie en terre.

« Tu sépareras la terre du feu, le subtil de l'épais, doucement, avec grande industrie. Il monte de la terre au ciel et derechef il descend en terre et il reçoit la force des choses supérieures et inférieures. Tu auras par ce moyen toute la gloire du monde et toute obscurité s'éloignera de toi.

« C'est la force forte de toute force, car elle vaincra toute chose subtile et pénètrera toute chose solide.

« Ainsi le monde a été créé.

« De ceci seront et sortiront d'innombrables adaptations desquelles le moyen est ici.

« C'est pourquoi j'ai été appelé Hermès Trismégiste ayant les trois parties de la philosophie du monde.

« Ce que j'ai dit de l'opération du Soleil est accompli et parachevé. »

Il est vrai
Sans Mensonge
Très véritable

La table d'Émeraude débute par une trinité. Hermès affirme ainsi dès le premier mot la Loi qui régit la Nature entière. Nous savons que le Ternaire se réduit à une hiérarchie désignée sous le nom de : *les Trois Mondes*. C'est donc une même chose considérée sous trois aspects différents que ces mots nous présentent à considérer.

Cette chose, c'est la vérité et sa triple manifestation dans les Trois Mondes :

Il est vrai. — Vérité sensible correspondant au Monde physique. — C'est l'aspect étudié par la Science contemporaine.

Sans Mensonge. — Opposition de l'aspect précédent. Vérité philosophique, certitude correspondant au Monde métaphysique ou moral.

Très Véritable. — Union des deux aspects précédents, la thèse et l'antithèse pour constituer la synthèse. — Vérité intelligible correspondant au Monde divin.

On peut voir que l'explication que j'ai donnée précédemment du nombre Trois trouve ici son application éclatante.

Mais continuons :

| Ce qui est en haut est comme ce qui est en bas | et | Ce qui est en bas est comme ce qui est en haut |

pour faire les miracles d'une seule chose

En disposant ainsi cette phrase nous retrouvons d'abord deux Ternaires ou plutôt un Ternaire considéré sous deux aspects *positif* et *négatif* :

| positif | { haut analogue à bas | négatif | { bas analogue à haut |

Nous retrouvons ensuite l'application de la méthode de la Science occulte, l'analogie. — Hermès dit que le positif (haut) est *analogue* au négatif (bas), il se garde bien de dire qu'ils sont semblables.

Enfin nous voyons la constitution du quatre par la réduction du trois à l'unité (1) :

Pour faire les miracles d'une seule chose.

Ou du *sept*, par la réduction du six (les deux Ternaires à l'unité.

Le quatre et le sept exprimant la même chose (2), on peut prendre avec certitude l'une quelconque des deux applications.

Rapprochons l'explication de la seconde phrase de l'explication de la première, et nous verrons :

Qu'il faut considérer une Vérité dans son triple aspect physique, métaphysique et spirituel avant tout.

(1) Voyez la fin du chapitre II.
(2) Id.

C'est alors seulement qu'on peut appliquer à cette connaissance la méthode analogique qui permettra d'apprendre les Lois.

Enfin qu'il faut réduire la multitude des Lois à l'unité par la découverte du Principe ou de la Cause première.

Hermès aborde ensuite l'étude des rapports du multiple à l'unité, ou de la Création au Créateur, en disant :

Et comme toutes choses ont été et sont venues d'UN, ainsi toutes choses sont nées dans cette chose unique par adaptation.

Voilà dans quelques mots tout l'enseignement du sanctuaire sur la création du Monde. La création par adaptation ou par le quaternaire développée dans le *Sepher Jesirah* (1) et dans les dix premiers chapitres du *Bœreschit* de Moïse (2).

Cette chose unique d'où tout dérive, c'est la Force universelle dont Hermès décrit la génération :

Le Soleil (positif)	en est le Père
La Lune (négatif)	en est la Mère
Le Vent (récepteur)	l'a porté dans son ventre
La Terre (matérialisation / accroissement)	est sa nourrice.

Cette chose qu'il appelle Thélème (Volonté) est d'une telle importance qu'au risque d'allonger démesurément cette explication, je vais montrer l'opinion de plusieurs auteurs à son sujet :

---

(1) Voy. la Traduction que j'ai faite de ce livre si important dans le n° 7 du *Lotus* (octobre 1887).
(2) Voy. Fabre d'Olivet, *la Langue hébraïque restituée.*

« Il existe un agent mixte, un agent naturel et divin, corporel et spirituel, un médiateur plastique universel, un réceptacle commun des vibrations du mouvement et des images de la forme, un fluide et une force qu'on pourrait appeler en quelque manière l'imagination de la nature.

« Par cette force tous les appareils nerveux communiquent secrètement ensemble ; de là naissent la sympathie et l'antipathie ; de là viennent les rêves ; par là se produisent les phénomènes de seconde vue et de vision surnaturelle. Cet agent universel des œuvres de la nature c'est *l'od* des Hébreux et du chevalier de Reichembach, c'est la lumière astrale des Martinistes.

« L'existence et l'usage possible de cette force sont le grand arcane de la magie pratique.

« La lumière astrale aimante, échauffe ; éclaire, magnétise ; attire, repousse ; vivifie, détruit ; coagule, sépare ; brise, rassemble toutes choses sous l'impulsion de volontés puissantes. » (E. Levi, *II. de la M.*, 19.)

« Les quatre fluides impondérables ne sont que les manifestations diverses d'un même agent universel qui est la lumière. » (E. Levi, *C. des G. M.*, 207.)

« Nous avons parlé d'une susbtance répandue dans l'infini.

« La substance une qui est ciel et terre, c'est-à-dire, suivant ses degrés de polarisation, subtile ou fixe.

« Cette substance est ce qu'Hermès Trismégiste

appelle le grand *Telesma*. Lorsqu'elle produit la splendeur, elle se nomme lumière.

« Elle est à la fois substance et mouvement. C'est un fluide et une vibration perpétuelle. » (E. Levi, *C. des G. M.*, 117.)

« Le grand agent magique se révèle par quatre sortes de phénomènes, et a été soumis au tâtonnement des sciences profanes sous quatre noms : calorique, lumière électricité, magnétisme.

« Le grand agent magique est la quatrième émanation de la vie-principe dont le soleil est la troisième forme. » (E. Levi, D. 152.)

« Cet agent solaire est vivant par deux forces contraires ; une force d'attraction et une force de projection, ce qui fait dire à Hermès que toujours il remonte et redescend. » (E. Levi, 153.)

ש ח נ

« Le mot employé par Moïse, lu cabalistiquement, nous donne donc la description et la définition de cet agent magique universel, figuré dans toutes les théogonies par le serpent, et auquel les Hébreux donnèrent aussi le nom :

$$\text{d'OD} = +$$
$$\text{OB} = -$$
$$\text{Aour} = \infty$$

אור

« La lumière universelle, lorsqu'elle aimante les mondes, s'appelle lumière astrale ; lorsqu'elle forme les métaux, on la nomme azoth ou mercure du sage ; lorsquelle donne la vie aux animaux, elle doit s'appeler magnétisme animal. » (E. Levi.)

« Le Mouvement c'est le souffle du Dieu en action parmi les choses créées ; c'est ce principe tout puissant qui, un et uniforme dans sa nature et dans son origine peut-être, n'en est pas moins la cause et le promoteur de la variété infinie des phénomènes qui composent les catégories indicibles des mondes ; comme Dieu, il anime ou flétrit, organise ou désorganise, suivant des lois secondaires qui sont la cause de toutes les combinaisons et permutations que nous pouvons observer autour de nous. » (L. Lucas, *C. N.*, p. 34.)

« Le Mouvement c'est l'état NON DÉFINI de la force générale qui anime la nature ; le mouvement est une force élémentaire, la seule que je comprenne et dont je trouve qu'on doive se servir pour expliquer *tous* les phénomènes de la nature. Car le mouvement est susceptible de *plus* et de *moins*, c'est-à-dire de condensation et de dilatation, électricité, chaleur, lumière.

« Il est susceptible encore de COMBINAISON de condensations. Enfin on retrouve chez lui l'ORGANISATION de ces combinaisons.

« Le mouvement supposé ACTIF *matériellement* et *intellectuellement* nous donne la clef de tous les phénomènes. » (Louis Lucas, *Médecine nouvelle*, p. 25.)

« Le mouvement supposé non défini est susceptible de *se condenser*, de *s'organiser*, de se concentrer ou *tondaliser*.

« En se *condensant* il fournit une *force* d'un pouvoir *relatif*.

« En *s'organisant* il devient apte à conduire, à *diriger* des *organes* spéciaux, même des faisceaux d'organes.

« Enfin en se *concentrant*, en se *tonalisant*, il lui est possible de réfléchir sur toute la machine et de diriger l'ensemble de l'organisme. » (Louis Lucas, *Médecine nouvelle*, p. 45.)

« Dans l'âme du Monde fluide ambiant qui pénètre toutes choses, il y a un courant d'amour ou d'attraction, et un courant de colère ou de répulsion.

« Cet éther électro-magnétique dont nous sommes aimantés, ce corps igné du Saint-Esprit qui renouvelle sans cesse la face de la Terre est fixé par le poids de notre atmosphère et par la force d'attraction du globe.

« La force d'attraction se fixe au centre des corps et la force de projection dans leur contour. Cette double force agit par spirales de mouvements contraires qui ne se rencontrent jamais. C'est le même mouvement que celui du Soleil qui attire et repousse sans cesse les astres de son système. Toute manifestation de la vie dans l'ordre moral comme dans l'ordre physique est produite par la tension extrême de ces deux forces. » (Christian, *l'Homme rouge des Tuileries*.)

Le lecteur curieux d'apprendre ne m'en voudra pas, j'espère, de ces notes, qui éclaircissent le sujet mieux que les plus belles dissertations du monde.

A la suite de l'affirmation de cette force universelle,

Hermès aborde l'Occultisme pratique, la régénération de l'Homme par lui-même et de la Matière par l'Homme régénéré.

On trouvera sur ce point des détails suffisants dans *l'Elixir de Vie* publié par un Chéla indou (1) et dans les ouvrages de Mme Blavatsky et de la Société théosophique (2) ainsi que dans le Rituel d'Eliphas Levi.

Il est un point cependant que je suis forcé d'aborder pour l'explication de certaines histoires, c'est la Philosophie hermétique.

DE L'ALCHIMIE

C'est grâce aux alchimistes que les données de la science antique sont, en grande partie, parvenues jusqu'à nous. Aussi ne puis-je m'occuper des principes qui guidaient ces chercheurs sans étudier la Science occulte tout entière. Je me bornerai donc dans ce court aperçu à donner une idée générale de la pratique sur laquelle sont basées les histoires symboliques (3).

Certaines personnes pensent qu'il est impossible de connaître la pratique du grand œuvre sans pouvoir fabriquer la pierre philosophale : c'est une erreur. Les alchimistes ont parfaitement décrit les opérations qu'ils exécutaient. Ils ne sont universellement obscurs que sur un point, c'est la matière employée dans les opérations.

(1) N° 3 du *Lotus* (chez Carré).
(2) *Isis Unveiled, Esoteric Buddhism, Occult World*.
(3) Voy. la Note de Louis Lucas quelques pages avant celle-ci.

Cependant avant d'aborder ce sujet, il faut résoudre deux questions :

1° Qu'est-ce que la pierre philosophale ?

2° Est-ce une fourberie ou a-t-on de son existence des preuves irréfutables ?

Depuis longtemps je cherchais des preuves convaincantes de l'existence de la transmutation sans pouvoir en découvrir. Les faits ne manquent certainement pas, tant s'en faut, mais comme ils avaient été exécutés par des alchimistes, on pouvait les taxer de fourberie et ils n'étaient de nulle valeur pour la critique scientifique.

En feuilletant l'ouvrage remarquable de M. Figuier (1), ouvrage dans lequel cet auteur veut prouver que la transmutation n'a jamais existé, je découvris trois faits constituant des preuves scientifiques, irréfutables, du changement des métaux impurs en or. L'opération avait été exécutée loin de la présence de l'alchimiste qui n'avait touché à aucun instrument et l'opérateur était dans chaque cas un ennemi déclaré de l'alchimie, ne croyant pas à l'existence de la pierre philosophale.

J'ai du reste publié la critique de ces faits dans le numéro 3 du *Lotus* (2) auquel je renvoie le lecteur curieux. Je prie donc toute personne qui voudrait nier la transmutation de me fournir auparavant une réfutation scientifique de ces expériences que je persiste encore à croire irréfutables.

La pierre philosophale est une poudre qui peut affecter plusieurs couleurs différentes suivant son degré de

---

(1) *L'Alchimie et les Alchimistes.*
(2) *La Pierre philosophale prouvée par des faits.*

perfection mais qui, pratiquement, n'en possède que deux, blanche ou rouge.

La véritable pierre philosophale est *rouge*. Cette poudre rouge possède trois vertus :

1° Elle transforme en or le mercure ou le plomb en fusion sur lesquels on en dépose une pincée ; je dis en *or* et non en un métal qui s'en rapproche plus ou moins comme l'a cru, je ne sais pourquoi, un savant contemporain (1).

2° Elle constitue un dépuratif énergique pour le sang et guérit rapidement, prise à l'intérieur, quelque maladie que ce soit ;

3° Elle agit de même sur les plantes en les faisant croître, mûrir et fructifier en quelques heures.

Voilà trois points qui paraîtront bien fabuleux à beaucoup de gens, mais les alchimistes sont tous d'accord à ce sujet.

Il suffit du reste de réfléchir pour voir que ces trois propriétés n'en constituent qu'une seule : renforcement de l'activité vitale.

La pierre philosophale est donc tout simplement une condensation énergique de la Vie (2) dans une petite quantité de matière et elle agit comme un ferment sur le corps en présence desquels on la met. Il suffit d'un peu de ferment pour faire « *lever* » une grande masse de pain ; de même, il suffit d'un peu de pierre philosophale pour développer la vie contenue dans une matière quelconque, minérale, végétale ou animale. Voilà pourquoi

(1) M. Berthelot.
(2) Voy., dans le chapitre III, l'*Etude sur la Vie universelle*.

les alchimistes appelent leur pierre : médecine des trois règnes.

Nous savons maintenant ce qu'est cette pierre philosophale, assez pour en reconnaître la description dans une histoire symbolique, et là doivent se borner nos ambitions.

Voyons maintenant sa fabrication.

Voici quelles sont les opérations essentielles :

Tirer du Mercure vulgaire un ferment spécial appelé par les alchimistes *Mercure des philosophes*.

Faire agir ce ferment sur l'argent pour en tirer également un ferment.

Faire agir le ferment du Mercure sur l'or pour en tirer aussi du ferment.

Combiner le ferment tiré de l'or avec le ferment tiré de l'argent et le ferment mercuriel dans un matras de verre vert très solide et en forme d'œuf, boucher hermétiquement ce matras et le mettre à cuire dans un fourneau particulier appelé par les alchimistes *athanor*. L'athanor ne diffère des autres fourneaux que par une combinaison qui permet de chauffer très longtemps et d'une façon spéciale l'œuf susdit.

C'est alors (pendant cette cuisson) et alors seulement que se produisent certaines couleurs sur lesquelles sont basées toutes les histoires alchimiques. La matière contenue dans l'œuf devient d'abord noire, tout semble putréfié, cet état est désigné par le nom de *tête de corbeau*. Tout à coup à cette couleur noire succède une blancheur éclatante. Ce passage du noir au blanc, de l'obscurité à la lumière, est une excellente pierre de touche pour reconnaître une histoire symbolique qui traite de l'alchimie. La matière ainsi fixée au blanc sert à transmuer les métaux impurs (plomb, mercure) en argent.

Si on continue le feu on voit cette couleur blanche disparaître peu à peu, la matière prend des teintes diverses, depuis les couleurs inférieures du spectre (bleu, vert) jusqu'aux couleurs supérieures (jaune, orangé), et enfin arrive au rouge rubis. La pierre philosophale est alors presque terminée.

Je dis presque terminée, car à cet état dix grammes de pierre philosophale ne transmuent pas plus de vingt grammes de métal. Pour parfaire la pierre il faut la remettre dans un œuf avec un peu de mercure des philosophes et recommencer à chauffer. L'opération qui avait demandé un an ne demande plus que trois mois et les couleurs reparaissent dans le même ordre que la première fois.

A cet état la pierre transmue en or dix fois son poids.

On recommence encore l'opération. Elle ne dure qu'un mois, la pierre transmue mille fois son poids de métal.

Enfin on la fait une dernière fois et on obtient la véritable pierre philosophale parfaite, qui transmue dix mille fois son poids de métal en or pur.

Ces opérations sont désignées sous le nom de *multiplication de la pierre.*

Quand on lit un alchimiste il faut donc voir de quelle opération il parle:

1° S'il parle de la fabrication du mercure des philosophes, auquel cas il sera sûrement inintelligible pour le profane.

2° S'il parle de la fabrication de la pierre proprement dite, auquel cas il parlera clairement.

3° S'il parle de la multiplication, et alors il sera tout à fait clair.

Muni de ces données, le lecteur peut ouvrir le livre de M. Figuier et, s'il n'est pas ennemi d'une douce gaieté, lire de la page 8 à la page 52. Il déchiffrera aisément le sens des histoires symboliques qui sont si obscures pour M. Figuier et lui font hasarder de si joyeuses explications.

Témoin l'histoire suivante qu'il traite de grimoire (p. 41) :

« Il faut commencer au soleil couchant, lorsque le mari Rouge et l'épouse Blanche s'unissent dans l'esprit de vie pour vivre dans l'amour et dans la tranquillité dans la proportion exacte d'eau et de terre.	Mise dans le matras en forme d'œuf des deux ferments, actif ou Rouge, passif ou Blanc.
« De l'Occident avance-toi à travers les ténèbres vers le Septentrion.	Divers degrés du feu.
« Altère et dissous le mari entre l'hiver et le printemps, change l'eau en une terre noire et élève-toi à travers les couleurs variées vers l'Orient où se montre la pleine Lune. Après le purgatoire apparaît le soleil blanc et radieux: » (Riplée.)	Tête du corbeau, couleurs de l'œuvre. Blanc.

En considérant une histoire symbolique il faut toujours chercher le sens hermétique qui était le plus caché et qui s'y trouve presque sûrement. Comme la nature est partout identique, la même histoire qui exprime les mystères du grand œuvre, pourra signifier également le cours du Soleil (mythes solaires) ou la vie d'un héros fabuleux. L'initié seul sera donc en état de saisir le troisième sens (hermétique) des mythes anciens (1), tandis que le savant n'y verra que les premier et deuxième sens (physique et naturel, cours du Soleil, Zodiaque, etc.) et le paysan n'en comprendra que le premier sens (histoire du héros).

Les aventures de Vénus, de Vulcain et de Mars sont célèbres à ce point de vue parmi les alchimistes (2).

D'après tout cela on voit que pour faire la pierre philosophale il faut avoir le temps et la patience. Celui qui n'a pas tué en lui le désir (3) de l'or ne sera jamais riche, alchimiquement parlant. Il suffit pour s'en convaincre de lire les biographies de deux alchimistes du xixe siècle, Cyliani (4) et Cambriel (5).

II

Nous avons assez développé la première manière qu'avait l'initié pour rendre ses idées.

Revenons maintenant sur la seconde façon et déve-

---

(1) Voy. Ragon, *Fastes initiatiques*. — *La Maçonnerie occulte*.
(2) *Id., id.*
(3) Voy. l'admirable traité intitulé *Lumière sur le sentier* (chez Carré).
(4) *Hermès dévoilé* (Voy. *l'Occultisme contemporain*).
(5) *Cours d'Alchimie en dix-neuf leçons.*

loppons, comme nous l'avons promis, l'emploi des signes géométriques ou astrologiques.

Rien n'est plus fastidieux que la liste des rapports entre les figures géométriques et les nombres qu'on trouve un peu partout dans les auteurs qui s'occupent de la Science occulte. Cette sécheresse vient de ce qu'ils n'ont pas jugé à propos de donner la raison de ces rapports.

Pour établir l'alliance des idées aux figures géométriques, il nous faut une base de développement solide, connue déjà de nous. Le point de départ d'où nous allons partir ce sont les nombres.

Il suffit de se reporter à la fin du chapitre II pour comprendre les développements qui vont suivre.

C'est de l'Unité que partent tous les nombres et tous ne sont que des aspects différents de l'Unité toujours identique à elle-même.

C'est du Point que naissent toutes les figures géométriques et toutes ces figures ne sont que des aspects différents du Point (1).

L'*unité* [1] sera analogiquement réprésentée par le point •

Le premier nombre auquel donne naissance 1, c'est 2. La première figure à laquelle donne naissance le point, c'est la Ligne.

Le *deux* [2] sera représenté par la Ligne ——
simple ou double — —

---

(1) *La kabbale* est fondée sur la même idée. Toutes les lettres naissent d'une seule, י, *iod*, dont elles expriment tous les aspects comme la nature exprime les divers aspects du Créateur. (Voyez le *Sepher Jésirah* (n° 7 du *Lotus*).

Avec la ligne une autre considération entre en jeu, c'est la direction.

Les nombres se divisent en pairs ou impairs, de même les lignes affectent deux directions principales.

La direction verticale | représente l'actif.

La direction horizontale — le Passif.

Le premier nombre qui réunit les opposés 1 et 2, c'est le Ternaire 3. La première figure complète, fermée, c'est le triangle.

Le *trois* [3] sera représenté analogiquement par

A partir du nombre 3 nous savons que les chiffres recommencent la série universelle, 4 c'est une octave différente de 1 (1).

Les figures suivantes sont donc des combinaisons des termes précédents, et rien de plus.

Le *quaternaire* [4] sera représenté par des forces opposées deux à deux, c'est-à-dire par des Lignes opposées dans leur direction deux à deux.

Quand on veut exprimer une production produite par le 4, on fait croiser les lignes actives et passives de manière à déterminer un point central de convergence ; c'est la figure de la croix, image de l'Absolu.

$$+$$

---

(1) Voy. chap. II.

Au chiffre *cinq* (5) répondra l'étoile à cinq pointes symbolisant l'intelligence (la tête humaine) dirigeant les quatre forces élémentaires (les quatre membres).

Six (6) = 3 + 3 = △ ▽ = ✡

Les deux ternaires, l'un positif, l'autre négatif.

Sept (7) = 4 + 3 = △ ▢

Huit (8) = 4 + 4 = ▢ ▢ ou ✳

Neuf (9) = 3 + 3 + 3 = △ △ △

Dix (10) = Le cycle éternel = ◯

Chaque nombre, avons-nous dit, représente une idée et une forme. Nous sommes à présent capables d'établir ces rapports :

NOMBRE	IDÉE	FORME
1	Le Principe	·
2	L'Antagonisme	— —
3	L'idée	△
4	La forme. L'Adaptation	□ +
5	Le Pentagramme	☆
6	L'Equilibre des idées	△ ▽
7	La Réalisation. Alliance de l'idée et de la Forme	△/□
8	L'équilibre des formes	□/□ ✳
9	Perfection des idées	△ / ✡
10	Le Cycle éternel	○

D'autres signes sont employés par les initiés et par cela même indispensables à connaître ; ce sont les signes qui désignent les planètes. Ils sont d'autant plus importants que chacun d'eux peut s'expliquer par la géométrie qualitative dont nous venons de parler (1). Je n'aborderai point ici cette étude qui nous conduirait loin sans résultat immédiat pour m'occuper uniquement de leur génération.

L'actif et le passif sont représentés dans les planètes par le Soleil (☉) et la Lune (☽)

Leur action réciproque donne naissance aux quatre éléments figurés par la croix (†)

♄   Saturne c'est la lune dominée par les éléments.

♃   Jupiter ce sont les éléments dominés par la Lune.

♂   Mars c'est la partie ignée du signe zodiacal du Bélier agissant sur le Soleil.

♀   Vénus c'est le Soleil dominant les éléments.

Enfin la synthèse de tous les signes précédents c'est Mercure contenant en lui le Soleil, la Lune et les éléments.

Nous reviendrons dans le chapitre VI sur le grand pantacle alchimique.

Si l'utilité de ces signes n'apparaît pas de prime abord, nous en verrons dans la suite l'application.

Mais pour exercer ces données, traduisons en langage géométrique les premières phrases de la Table d'Émeraude :

---

(1) Voir : *Monas Hieroglyphica* de Jean Dée, in theatrum chemicum.

La vérité dans les trois mondes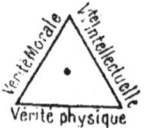

Ce qui est en haut
est comme
ce qui est bas

Pour accomplir les miracles d'une seule chose

Et comme toutes choses ont été et sont venues d'un

Ainsi toutes choses sont nées dans cette chose unique par adaptation (La croix est le signe de l'adaptation)

III

Si nous voulions parler longuement des histoires symboliques, troisième méthode employée dans l'antiquité, il faudrait revoir toute la mythologie. Outre que ce travail a déjà été entrepris (1), le cadre de notre sujet ne nous permet pas de le faire.

Cependant je ne voudrais pas quitter ce chapitre sans citer quelques extraits qui montrent bien la façon dont

---

(1) Ragon, *Maçonnerie occulte*.

les traducteurs de la Bible sont tombés dans l'erreur en prenant les textes au sens matériel. Fabre d'Olivet s'est élevé avec justice contre ces prétentions, Saint-Yves d'Alveydre nous éclairera davantage en réhabilitant la pensée de Moïse.

« Pour délivrer le législateur des Hébreux des calomnies théologiques dont il a été l'objet au sujet du Père du Genre Humain, je prie le lecteur de soulever avec moi le triple voile dont j'ai parlé.

« Similitude de IEVE masculin et féminin comme lui, Adam a une signification bien plus vaste encore que ce que les naturalistes formulent malgré eux, quand, voulant exprimer la Puissance cosmogonique qui spécifie l'homme, en tant qu'individu physique, ils appellent cette puissance le Règne Hominal.

« Adam est l'hiérogramme de ce principe universel ; il représente l'âme intelligente de l'Univers lui-même, Verbe Universel animant la totalité des systèmes solaires non seulement dans l'Ordre visible, mais aussi et surtout dans l'Ordre invisible.

« Car lorsque Moïse parle du principe animateur de notre Système solaire, ce n'est plus Adam qu'il mentionne, mais Noah.

« Ombre de IEVE, pensée vivante et Loi organique des Ælohim, Adam est l'Essence céleste d'où émanent toutes les Humanités passées, présentes, futures, non seulement ici-bas, mais à travers l'immensité des cieux.

« C'est l'Ame universelle de Vie, Nephesh Haiah, de cette substance homogène, que Moïse appelle Adamah, ce que Platon nomme la Terre supérieure.

« Or ici je n'interprète nullement, j'exprime littéralement la pensée cosmogonique de Moïse; car, tel est l'Adam des sanctuaires de Thèbes et du Bæreschit, le grand Homme céleste de tous les anciens temples, depuis la Gaule jusqu'au fond des Indes (1). »

« Le fameux serpent du prétendu jardin de délices ne signifie pas autre chose, dans le texte égyptien de Moïse, que ce que Geoffroy Saint-Hilaire vient d'exprimer (l'attraction de soi pour soi) : Nahash, l'Attraction originelle dont l'hiéroglyphe était un serpent dessiné d'une certaine manière.

« Le mot Haroum dont le législateur des Hébreux fait suivre l'hiérogramme précédent, est le fameux Hariman du premier Zoroastre et exprime l'entraînement universel de la Nature naturée, causé par le principe précédent (2). »

« Quant au prétendu Eden, voici ce qu'il signifie dans le texte hermétique de Moïse, prêtre d'Osiris :

« Gan-Bi-Héden, séjour d'Adam-Eve, représente l'Organisme de la Sphère universelle du Temps, l'Organisation de la Totalité de ce qui est temporel.

« Les fameux fleuves qui sont au nombre de quatre en un, c'est-à-dire qui forment un quaternaire organique, n'expriment pas plus le Tigre et l'Euphrate, que le Tibre, la Seine ou la Tamise, car, encore une fois, les dix premiers chapitres de Moïse sont une Cosmogonie et non une géographie.

« Aussi ces prétendus fleuves sont en réalité des

(1) Saint-Yves d'Alveydre, p. 135. *Adam.*
(2) Saint-Yves d'Alveydre, *Mission des Juifs.* Ouroboros.

fluides universels qui, partant de Gan, la Puissance organique par excellence, inondent la Sphère temporelle, Heden, le Temps sans borne de Zoroastre, placée elle-même entre deux Eternités, l'une antérieure, Kædem, l'autre postérieure, Ghôlim (1). »

Enfin je vais montrer d'après les étymologies phéniciennes de quelques noms mythologiques grecs la réalité de l'importance des noms propres pour exprimer rationellement la plupart des mythes anciens.

EURIDICE

Euridice (ευρυδικη) ראה *(rohe)* Vision, Clarté, Évidence.

רוש *(dich)* ce qui montre ou enseigne précédés de ευ (bien).

Le nom de cette épouse mystérieuse qu'il voulut en vain rendre à la lumière ne signifie que la doctrine de la vraie science, l'enseignement de ce qui est beau et véritable dont Orphée essaya d'enrichir la terre. Mais l'homme ne peut point envisager la vérité, avant d'être parvenu à la lumière intellectuelle, sans la perdre ; s'il ose la contempler dans les ténèbres de sa raison elle s'évanouit. Voilà ce que signifie la fable que chacun connaît d'Euridice retrouvée et perdue. » (Fabre d'Olivet.)

---

(1) Saint-Yves d'Alveydre, *Mission des Juifs*, p. 136. Les Quatre fleuves.

HÉLÈNE — PARIS — MÉNÉLAS

Hélène
(la Lune)
> הלל idée de splendeur, de gloire d'élévation (1).

Pâris
Παρις
> בר ou פר (*Bar* ou *Phar*) toute génération, propagation, extension יש (*Ish*) L'Etre principe.

Ménélas
Μενελαος
> מך (*Men*) tout ce qui détermine, règle, définit une chose. La faculté rationnelle, la raison, la mesure (latin *Mens-Mensura*).
> אוש (*Aósh*) l'Être principe agissant, au devant duquel on place le préfixe ל (l.) pour exprimer la relation génitive.
> MENEH-L-AOSH La faculté rationnelle ou régulatrice de l'Être en général, de l'homme en particulier.

QUELQUES SENS DE NOMS PROPRES

Θεος
> אוש (*Aós*) un Être principe, précédé de la lettre hémantique ת (θ th) qui est le signe de la perfection.

---

(1) Cette Hélène dont le nom appliqué à la Lune signifie la resplendissante, cette femme que Paris enlève à son époux Ménélas n'est autre chose que le symbole de l'âme humaine ravie par le principe de la Génération à celui de la Pensée, au sujet de laquelle les passions morales et physiques se déclarent la guerre.

Ηρωας   איש précédé de הדר (*herr*) exprimant tout ce qui domine.

Δαιμων   (Δημ) la Terre, réuni au mot ων l'existence.

Εον   (Αιων) אי (*Aï*) un principe de volonté, un point central de développement.

יֹרְךְ (*Ión*) La faculté générative.

Ce dernier mot a signifié, dans un sens restreint, une colombe, et a été le symbole de Vénus. C'est le fameux *Yoni* des Indiens, et même le *Yn* des Chinois, c'est-à-dire la nature plastique de l'Univers. De là le nom d'Ionie donné à la Grèce.

Poésie (ποιησις)	פאה (*Phohe*) Bouche, voix, langage discours. יש (*Ish*) Un être supérieur. Un être principe, au figuré Dieu.
Apollon	אב (*Ab* ou *Ap*) joint à *Whólon*. Le père universel, infini éternel.
Dionysos (Διονυσος)	Διος Le dieux vivant (génitif) νοος L'Esprit ou l'Entendement. L'Entendement du Dieu vivant.
Orphée	אור (*Aour*) Lumière. רפא (*Rophæ*) Ce qui montre ou enseigne, précédé de ευ (bien). Qui montre ou enseigne la Lumière.
Hercule	חרר ou שרר (*Harr* ou *Sharr*) Excellence souveraineté. כל (*Col*) Tout.

(Fabre d'Olivet.)

7.

Chapitre 5

Caractères employés dans les Talismans pour les :

Signes du Zodiaque | **Planètes**

CHAPITRE V

DE L'EXPRESSION ANALYTIQUE DES IDÉES. — TABLEAUX ANALOGIQUES.— LA MAGIE.— LES DIX PROPOSITIONS D' « ISIS DÉVOILÉE » PAR H. P. BLAVATSKY. — TABLEAU MAGIQUE DU QUATERNAIRE D'AGRIPPA. — L'ASTROLOGIE. — LECTURE DES TABLEAUX ANALOGIQUES. — ADAPTATION DU TERNAIRE.

Dans les méthodes employées par l'initié pour exprimer ses idées, nous n'avons jamais vu jusqu'ici la forme générale d'exposition subir le moindre changement. La valeur des signes employés varie ; mais là se borne toute la méthode.

Que faire pour développer dans un harmonieux ensemble les rapports qui existent entre les sujets traités?

Nous verrons fréquemment, en parcourant un traité occulte, des phrases dans le genre de celle-ci :

L'aigle se rapporte à l'air,

phrase incompréhensible si l'on n'en trouve pas la clef.

Cette clef réside tout entière dans une méthode d'exposition établie d'après la méthode générale de la Science occulte : l'analogie.

Cette méthode consiste à exprimer les idées de telle façon que l'observateur puisse saisir d'un coup d'œil le rapport qui existe entre la Loi, le fait et le principe d'un phénomène observé.

Ainsi un fait étant donné, vous pouvez sur-le-champ découvrir la loi qui le régit et le rapport qui existe entre cette loi et une foule d'autres faits.

Comme deux choses (FAITS) analogues à une même troisième (LOI) sont analogues entre elles, vous déterminez le rapport qui existe entre le fait observé et l'un quelconque des autres phénomènes.

Cette méthode, on le voit, analyse, éclaire les histoires symboliques; aussi n'était-elle employée que dans les temples et entre élève et maître. Elle était basée sur la construction de tableaux disposés d'une certaine façon.

Pour découvrir la clef du système, essayons de le reconstituer de toutes pièces.

Après avoir lu une histoire symbolique j'ai découvert qu'elle renfermait trois sens.

D'abord un sens positif exprimé par la donnée même de l'histoire: un enfant résulte d'un père et d'une mère; puis un sens comparatif exprimé par les rapports des personnages: rapport de la Lumière, de l'Ombre et de la Pénombre; enfin un sens hermétique et par là même très général: Loi de production de la Nature, le Soleil et la Lune produisant le Mercure.

La loi qui domine tout cela, c'est la loi du Trois. Les principes sont l'actif, le passif et le neutre.

Pour découvrir les rapports qui existent entre ces trois faits: *production de l'Enfant, production de la Pénombre, production du Mercure*, je les écris l'un au-dessous de l'autre en remarquant bien quel est le prin-

DE SCIENCE OCCULTE   121

cipe actif (+), le principe passif (—) et le principe neutre (∞) ainsi qu'il suit :

+	—	∞
Père	Mère	Enfant
Lumière	Ombre	Pénombre
Soleil	Lune	Mercure

Il suffit d'un coup d'œil jeté sur ce tableau pour voir que les rapports sont admirablement indiqués. Tous les principes actifs des faits observés sont rangés sous le même signe + qui les gouverne tous. Il en est de même des principes passifs et des principes neutres.

Tous les faits sont rangés dans la même disposition en suivant une ligne horizontale, de telle façon qu'en lisant ce tableau verticalement ↕ on voit le rapport des principes entre eux ; en le lisant horizontalement →→ on voit le rapport des faits aux principes, et en parcourant son ensemble on voit s'en dégager la Loi générale.

PRINCIPES
LOIS   LOIS
FAITS
LOIS   LOIS

Une considération importante qui résulte de cette disposition c'est que, comme tous les faits sont gouvernés par la même loi, ces faits sont analogues entre eux et qu'on peut les remplacer les uns par les autres, en ayant soin de choisir, pour remplacer un mot, un autre mot gouverné par le même principe.

De là, une grande confusion dans l'esprit de ceux qui voient deux faits en apparence discordants accolés l'un à l'autre, comme dans la phrase suivante :

Notre mercure androgyne est l'enfant du Soleil barbu et de la Lune sa compagne.

Quel rapport peut-il y avoir entre ce métal, les planètes et la génération qu'on leur attribue ? C'est pourtant une application des tableaux analogiques, car

Mercure androgyne (Enfant)	c'est le Neutre
Soleil barbu (Père)	c'est l'Actif
Lune compagne (Mère)	c'est le Passif

et voici leurs rapports :

+	—	∽
Soleil	Lune	Mercure
Père	Mère	Enfant
Or	Argent	Vif argent

Si bien que l'alchimiste voulait dire si l'on remplace le Soleil par son équivalent l'Or, et la Lune par son équivalent l'argent :

Notre mercure androgyne est l'enfant de l'Or et de l'Argent.

Rapportons-nous aux quelques mots sur l'alchimie du chapitre précédent et nous comprendrons tout à fait.

D'autres phrases sont aussi faciles à réduire pour celui qui connaît les rapports, tout en restant incompréhensibles pour le profane.

Ainsi l'alchimiste ne dira jamais : changer le Solide en Liquide, mais bien : *convertir la terre* (solide) *en eau* (liquide).

Il résulte de cela que beaucoup d'ignorants prenant les phrases alchimiques à la lettre et lisant :

Tu changeras l'eau en Terre et tu sépareras la terre du feu,

se sont ruinés avant d'avoir trouvé le moyen de changer l'eau en humus ou de séparer la terre du feu. Ils n'ont pas peu contribué à jeter sur la science occulte le discrédit dont elle jouit aujourd'hui. Il ne faut pas encore aller bien loin pour trouver des gens instruits qui professent gravement que la physique des anciens se réduisait à l'étude de leurs quatre éléments, terre-eau-air-feu. Ce sont ces gens qui trouvent si obscurs les livres hermétiques et pour cause.

Si l'on a bien compris l'emploi de la méthode analogique, on verra de suite l'importance des tableaux qui indiquent de suite les rapports entre les divers objets.

Ces rapports étaient d'une utilité extrême dans la pratique de certaines sciences antiques, entre autres la Magie et l'Astrologie.

Il existe de tels préjugés à l'égard de ces sciences que quelques mots d'explication sont nécessaires.

DE LA MAGIE

La Magie était la mise en pratique des propriétés psychiques acquises pendant les divers degrés de l'initiation.

Les anciens ayant constaté partout l'existence de la Vie avaient aussi remarqué l'influence universelle exercée par la Volonté.

Le développement de la Volonté est donc le but que doit poursuivre tout homme se destinant à commander les forces de la Nature.

On peut donc commander ces forces, demanderez-vous ?

Certainement. Mais comme ceci choque au plus haut point les idées contemporaines, je vais exposer les aperçus suivants comme de simples curiosités sans plaider ni le pour ni le contre.

Le monde sensible serait pénétré de toutes parts d'un autre monde échappant à l'action des sens et purement spirituel ; le monde visible serait doublé d'un autre monde invisible.

Ce monde invisible serait peuplé d'êtres spirituels comprenant plusieurs classes.

Les uns, insensibles au bien comme au mal, mais pouvant devenir les instruments de l'un comme de l'autre, sont désignés sous le nom d'esprits élémentaires ou Élémentals.

Les autres, vestiges vitaux des hommes imparfaitement développés, des volontés perverses et des suicidés, sont désignés sous le nom de larves. Ils sont dirigés par une seule chose, le désir toujours inassouvissable.

Enfin ce monde invisible serait encore peuplé de nos idées, agissant comme des êtres réels.

« Chaque pensée de l'homme passe au moment où

elle est développée dans le monde intérieur où elle devient une entité active par son association, ce que nous pourrions appeler sa fusion, avec un ELEMENTAL, c'est-à-dire avec une des forces semi-intelligentes des règnes de la nature. Elle survit comme une intelligence active, créature engendrée par l'esprit, pendant un temps plus ou moins long suivant l'intensité originelle de l'action cérébrale qui lui a donné naissance.

« Ainsi une bonne pensée est perpétuée comme un pouvoir activement bienveillant; une mauvaise comme un démon malfaisant. Et de la sorte, l'homme peuple continuellement son courant dans l'espace d'un monde à lui où se pressent les enfants de ses fantaisies, de ses désirs, de ses impulsions et de ses passions; ce courant réagit en proportion de son intensité dynamique sur toute organisation sensitive ou nerveuse qui se trouve en contact avec lui. Le Bouddhiste l'appelle son SHANDRA, l'Hindou lui donne le nom de KARMA (1). L'adepte involue consciemment ces formes; les autres hommes les laissent échapper sans en avoir conscience (2). »

L'agent au moyen duquel on agit sur ces forces intellectuelles, c'est la Volonté! On peut voir dans le chapitre III (3) que les facultés humaines sont, par elles-mêmes, indifférentes au bien comme au mal, leur portée varie d'après l'impulsion qu'y attache la Volonté. Il en est absolument de même de ces êtres élémentaires.

---

(1) Voy. chap. III, *le Système de Pythagore*.
(2) Kout-Houmi (Sinnet, *Monde occulte*, traduit par Gaboriau, p. 170).
(3) *La Psychologie de Pythagore.*

Il arrive parfois que des êtres humains abandonnent complètement l'usage de leur volonté et cherchent à se mettre en rapport avec le Monde Invisible. C'est alors que les créations perverses, les Larves, trouveraient le moyen d'augmenter leur faible vie en accaparant celle de ces hommes qui, anciennement, constituaient les Sorciers et actuellement constitueraient les Médiums parmi les Spirites.

La différence d'un mage à un sorcier, c'est que le premier sait ce qu'il fait et ce qui en résultera, tandis que le second l'ignore absolument.

L'important c'est donc la Volonté, et toutes les traditions sont unanimes à ce sujet, comme le dit Fabre d'Olivet : « Hiéroclès, après avoir exposé cette première manière d'expliquer les vers dont il s'agit, touche légèrement la seconde en disant que la Volonté de l'homme peut influer sur la Providence, lorsque, agissant dans une âme forte, elle est assistée du secours du ciel et opère avec lui.

« Ceci était une partie de la doctrine enseignée dans les mystères et dont on défendait la divulgation aux profanes. Selon cette doctrine, dont on peut reconnaître d'assez fortes traces dans Platon, la Volonté, évertuée par la foi, pouvait subjuguer la Nécessité elle-même, commander à la Nature, et opérer des miracles. Elle était le principe sur lequel reposait la magie des disciples de Zoroastre. Jésus en disant paraboliquement, qu'au moyen de la foi on pouvait ébranler les montagnes, ne faisait que suivre la tradition théosophique, connue de tous les sages. « La droiture du cœur et la foi triomphent de tous les obstacles, disait Kong-Tzée ; tout homme peut se rendre égal aux sages et aux héros dont les nations révèrent la mémoire, disait Meng-Tzée ; ce n'est jamais le pouvoir qui manque, c'est la volonté ; pourvu qu'on veuille, on réussit. »

Ces idées des théosophes chinois se retrouvent dans les écrits des Indiens, et même dans ceux de quelques Européens, qui, comme je l'ai déjà fait observer, n'avaient point assez d'érudition pour être imitateurs.

« Plus la volonté est grande, dit Bœhme, plus l'être est grand, plus il est puissamment inspiré. » La volonté et la liberté sont une même chose (1).

« C'est la source de la lumière, la magie qui fait quelque chose de rien. La volonté qui va résolument devant soi, est la foi ; elle modèle sa propre forme en esprit, et se soumet toutes choses ; par elle une âme reçoit le pouvoir de porter son influence dans une autre âme, et de la pénétrer dans ses essences les plus intimes. Lorsqu'elle agit avec Dieu, elle peut renverser les montagnes, briser les rochers, confondre les complots des impies, souffler sur eux le désordre et l'effroi ; elle peut opérer tous les prodiges, commander aux cieux, à la mer, enchaîner la mort même ; tout lui est soumis. On ne peut rien nommer qu'elle ne puisse commander au nom de l'Éternel. L'âme qui exécute ces grandes choses ne fait qu'imiter les prophètes et les saints, Moïse, Jésus et les apôtres. Tous les élus ont une semblable puissance.

---

(1) Fabre d'Olivet, *Vers dorés*, p. 254. *La Volonté.*

Le mal disparaît devant eux. Rien ne saurait nuire à celui en qui Dieu demeure (1). »

Les rapports du monde visible au monde invisible avaient été appliqués à tous ces êtres spirituels et les mages leur avaient donné des noms au moyen desquels ils prétendaient les appeler.

Leur aide ne servait qu'à une chose : c'est à concentrer autour de l'adepte une plus grande quantité de Force universelle, de Mouvement, au moyen de laquelle il pouvait produire des résultats proportionnés à l'intensité de ses facultés psychiques.

« Le cerveau humain est un générateur inépuisable de force cosmique de la qualité la plus raffinée, qu'il tire de l'énergie inférieure de la nature brute ; l'adepte complet a fait de lui-même un centre rayonnant de virtualités d'où naîtront corrélations sur corrélations à travers les âges à venir. Tel est la clef du mystérieux pouvoir qu'il possède de projeter et de matérialiser dans le monde visible les formes que son imagination a construites dans l'invisible avec la matière cosmique inerte. L'adepte ne crée rien de nouveau ; il ne fait qu'employer, en les manipulant, des matériaux que la nature a en magasin autour de lui, la matière première qui durant les éternités a passé à travers toutes les formes. Il n'a qu'à choisir celle dont il a besoin, et la rappeler à l'existence objective. Ceci ne semblerait-il pas à l'un de vos SAVANTS biologistes le rêve d'un fou (2) ? »

(1) Jacob Bœhme, Question 6.
(2) Kout-Houmi (*Loc.*, *cit.*, p. 167).

Les rapports de l'invisible au visible avaient été étendus à leurs plus grandes limites, si bien qu'on savait la chaîne par laquelle un objet, quel qu'il soit, remontait à l'intelligence de qui il devait sa forme. De là l'emploi de certains objets, de certains caractères pour fixer la volonté dans les opérations magiques.

Ces objets ne servaient qu'à former un point d'appui sur lequel s'appuyait la volonté de l'adepte pour agir comme un puissant aimant sur la force universelle. Un adepte ne peut pas produire un effet contre nature, un miracle, pour la bonne raison que cela n'existe pas.

Je ne saurais mieux expliquer ceci qu'en citant les merveilleuses conclusions d'*Isis dévoilée* de Mme Blavatsky :

« **1.** Il n'y a pas de miracles ; tout ce qui arrive est le résultat de la LOI éternelle, immuable, toujours active. Le miracle apparent n'est que l'opération de forces antagonistes à ce que le Dr B. Carpenter (membre de la Société Royale), homme de grandes connaissances mais de peu de savoir, appelle les lois bien démontrées de la nature. Comme beaucoup de ses confrères, le Dr Carpenter ignore un fait, c'est qu'il peut y avoir des Lois autrefois connues et maintenant inconnues à la science.

« **2.** La Nature est *tri-une* (1).

« 1° Nature visible, objective ;

« 2° Nature invisible, occulte, naturante, modèle exact et principe vital de l'autre.

---

(1) La division ternaire est la base de tout ésotérisme. Toutefois ce ternaire atteint son plein développement dans le Septenaire (Papus).

« 3° Au-dessus de ces deux est l'Esprit, source de toutes forces, éternel et indestructible.

« Les natures inférieures changent constamment; la plus élevée jamais.

« **3.** L'homme est aussi tri-un.

« 1° Le corps physique, l'homme objectif.

« 2° Le corps astral, vitalisant ou âme, c'est l'homme réel.

« 3° Ces deux sont tonalisés et illuminés par le troisième, l'immortel Esprit.

« Quand l'homme réel réussit à se fondre dans ce dernier, il devient une entité immortelle.

« **4.** La Magie considérée comme science est la connaissance de ces principes et de la voie par laquelle l'omniscience et l'omnipotence de l'Esprit et son contrôle sur les forces de la Nature peuvent être acquis par l'individu tandis qu'il est encore dans le corps.

« Considérée comme art, la Magie est l'application de ces connaissances à la pratique.

« **5.** La connaissance des arcanes mésaprise constitue la sorcellerie; mise en usage avec l'idée de BIEN, elle constitue la vraie Magie ou la Sagesse.

« **6.** Le médium est l'opposé de l'adepte. Le médium est l'instrument passif d'influences étrangères, l'adepte exerce *activement* sa puissance sur lui-même et sur toutes les puissances inférieures.

« **7.** Tout ce qui est, qui fut, ou qui sera étant stéréotypé dans la lumière astrale, tablette de l'univers invisible, l'adepte initié, en usant de la vision de son propre esprit, peut savoir tout ce qui a été connu et tout ce qui le sera.

« **8.** Les Races d'Hommes diffèrent en dons spirituels comme en dons corporels (couleur, stature, etc.). Chez certains peuples les voyants prévalent naturellement, chez d'autres ce sont les médiums.

Quelques-unes sont adonnées à la sorcellerie et se transmettent les règles secrètes de la pratique de génération en génération. Ces règles embrassent des phénomènes psychiques plus ou moins grands.

« **9.** Une phase d'habileté magique c'est l'extraction volontaire et consciente de l'homme du dedans (forme astrale), hors de l'homme extérieur (corps physique).

« Dans le cas de quelques médiums cette sortie a lieu; mais elle est inconsciente et involontaire; avec eux le corps est plus ou moins catalepsié en ce moment; mais chez les adeptes on ne peut s'apercevoir de l'absence de la forme astrale, car les sens physiques sont alertes et l'individu semble seulement être dans un état de recueillement, « être autre part » comme on dit.

« Ni le temps ni l'espace n'offrent d'obstacle à la pérégrination de la forme astrale. Le Thaumaturge tout à fait habile en science occulte peut faire en sorte que son corps physique semble disparaître ou prendre en apparence toute forme qu'il lui plaît. Il peut rendre sa forme astrale visible ou lui donner des apparences protéennes. Dans les deux cas le résultat provient d'une hallucination Mesmérique collective des sens de tous les témoins.

L'hallucination est si parfaite que celui qui en est le sujet jurerait sa vie qu'il a vu une réalité alors que ce n'est qu'un tableau de son esprit imprimé sur sa conscience par la volonté irrésistible du Mesmériseur.

« Mais tandis que la forme astrale peut aller partout, pénétrer tout obstacle et être vue à toute distance hors du corps physique, ce dernier est sujet aux méthodes ordinaires de transport. Il peut être lévité dans des conditions magnétiques spéciales, mais il ne peut pas passer d'une place à une autre sauf de la manière ordinaire.

« La matière inerte peut, dans certains cas et sous certaines conditions, être désintégrée, passer à travers des murs, puis être reconstituée ; mais cela est impossible avec les organismes vivants.

« Les Swedenborgiens croient et la science des arcanes enseigne que fréquemment l'âme abandonne le corps vivant et que chaque jour, en chaque condition d'existence, nous rencontrons de ces cadavres vivants. Ceci peut être le résultat de causes variées, parmi lesquelles une frayeur, une douleur, un désespoir trop forts, une violente attaque de maladie.

« Dans la « carcasse » vacante peut entrer et habiter la forme astrale d'un adepte sorcier ou d'un élémentaire (âme humaine désincarnée attachée à la terre) ou encore, mais très rarement, d'un élémental. Un adepte en Magie blanche a naturellement le même pouvoir ; mais, sauf quand il est dans l'obligation d'accomplir un but important et tout à fait exceptionnel, il ne se résoudra pas à se polluer en occupant le corps d'une personne impure.

Dans la folie, l'être astral du patient est, soit demi-paralysé, troublé et sujet à l'influence de toute sorte d'esprit qui passe, soit parti pour toujours et le corps est la possession de quelque entité vampirique en voie de désintégration, qui s'accroche désespérément à la Terre dont elle veut goûter les plaisirs sensuels pendant une courte période allongée par cet expédient.

« **10.** La pierre angulaire de la Magie c'est une connaissance pratique et approfondie du Magnétisme et de l'Électricité, de leur qualité, de leur corrélation et de leur potentialité. Ce qui est surtout nécessaire, c'est d'être familiarisé avec leurs effets dans et sur le règne animal et l'homme.

« Il y a des propriétés occultes aussi étranges que celles de l'aimant dans beaucoup d'autres minéraux que les praticiens en Magie *doivent* connaître, propriétés dont la science dite exacte est complètement ignorante.

« Les plantes aussi ont, à un degré étonnant, des propriétés mystiques et les secrets des herbes de songe et d'enchantement ne sont perdus que pour la science européenne et lui sont inconnus, sauf dans quelques cas bien marqués comme l'opium et le haschich. Et encore les effets psychiques même de ces quelques plantes sur l'organisme humain sont regardés comme des cas évidents de désordre mental temporaire. Les femmes de Thessalie et d'Epire, les femmes hiérophantes des rites de Sabasius n'ont pas emporté leurs secrets lors de la chute de leur sanctuaire. Ils sont toujours conservés et ceux qui connaissent la nature du Soma savent aussi bien les propriétés des autres plantes.

« Pour résumer en peu de mots, la MAGIE est la SAGESSE SPIRITUELLE, la Nature est l'alliée matérielle, la pupille et le serviteur du Magicien. Un principe vital commun remplit toutes choses et ce principe subit la domination de la volonté humaine poussée à perfection. L'adepte peut stimuler les mouvements des forces naturelles dans les plantes et les animaux à un degré supra-naturel. Ces actions, loin d'obstruer le cours de la Nature, agissent au contraire comme des adjuvants en fournissant les conditions d'une action vitale plus intense.

L'adepte peut dominer les sensations et altérer les conditions des corps physiques et astraux des autres personnes non adeptes. Il peut aussi gouverner et employer comme il lui plaît les esprits des éléments (1), mais il ne peut exercer son action sur l'*Esprit immortel* d'aucun être humain vivant ou mort, car ces esprits sont à titre égal des étincelles de l'essence divine et ne sont sujets à aucune domination étrangère. » (H. P. Blavatsky.)

Ce passage remarquable jette un grand jour sur le secret des pratiques de la magie ainsi que sur les phénomènes obtenus de nos jours par les spirites. Il est toutefois curieux de rechercher l'origine de ces théories concernant les intermédiaires entre l'homme et l'invisible; aussi vais-je encore avoir recours à Fabre d'Olivet:

(1) Élémentals.

« Comme Pythagore désignait Dieu par 1, et la matière par 2, il exprimait l'Univers par le nombre 12 qui résulte de la réunion des deux autres. Ce nombre se formait par la multiplication de 3 par 4, c'est-à-dire que ce philosophe concevait le Monde universel comme composé de trois mondes particuliers, qui, s'enchaînant l'un à l'autre au moyen de quatre modifications élémentaires, se développaient en douze sphères concentriques.

« L'Être ineffable qui remplissait ces douze sphères, sans être saisi par aucune, était DIEU. Pythagore lui donnait pour âme la vérité et pour corps la lumière. Les Intelligences qui peuplaient les trois mondes étaient premièrement les Dieux immortels proprement dits, secondement les héros glorifiés, troisièmement les Démons terrestres.

« Les Dieux immortels, émanations directes de l'Être incréé et manifestations de ses facultés infinies, étaient ainsi nommés parce qu'ils ne pouvaient jamais tomber dans l'oubli de leur Père, errer dans les ténèbres de l'ignorance et de l'impiété ; au lieu que les âmes des hommes qui produisaient, selon leur degré de pureté, les héros glorifiés et les démons terrestres, pouvaient mourir quelquefois à la vie divine par leur éloignement volontaire de Dieu ; car la mort de l'essence intellectuelle n'était, selon Pythagore, imité en cela par Platon, que l'ignorance et l'impiété.

« D'après le système des émanations on concevait l'unité absolue en Dieu comme l'âme spirituelle de l'Univers, le principe de l'existence, la lumière des lumières ; on croyait que cette Unité créatrice, inaccessible à l'entendement même, produisait par émanation une diffusion de lumière qui, procédant du centre à la circonférence, allait en perdant insensiblement de son éclat et de sa pureté, à mesure qu'elle s'éloignait de sa source jusqu'aux confins des ténèbres dans lesquelles elle finissait par se confondre ; en sorte que ses rayons divergents, devenant de moins en moins spirituels, et d'ailleurs repoussés par les ténèbres, se condensaient en se mêlant avec elles et, prenant une forme matérielle, formaient toutes les espèces d'êtres que le Monde renferme.

« Ainsi l'on admettait entre l'Être suprême et l'homme une chaîne incalculable d'êtres intermédiaires dont les perfections décroissaient en proportion de leur éloignement du Principe créateur.

« Tous les philosophes et tous les sectaires, qui admirent cette hiérarchie spirituelle, envisagèrent, sous des rapports qui leur étaient propres, les êtres différents dont elle était composée. Les mages des Perses, qui y voyaient des génies plus ou moins parfaits, leur donnaient des noms relatifs à leurs perfections et se servaient ensuite de ces noms mêmes pour les évoquer : de là vint la magie des Persans que les Juifs ayant reçu par tradition durant leur captivité à Babylone, appelèrent Kabbale. Cette magie se mêla à l'astrologie parmi les Chaldéens qui considéraient les astres comme des êtres animés appartenant à la chaîne universelle des émanations divines ; elle se lia en Egypte aux mystères de la Nature et se renferma dans les sanctuaires, où les prêtres l'enseignaient sous l'écorce des symboles et des hiéroglyphes. Pythagore, en concevant cette hiérarchie spirituelle comme une progression géométrique, envisagea les êtres qui la composent sous des rapports harmoniques et fonda par analogie les lois de l'Univers sur celles de la musique. Il appela harmonie le mouvement des sphères célestes et se servit des nombres pour exprimer les facultés des êtres différents, leurs relations et leurs influences. Hiéroclès fait mention d'un livre sacré attribué à ce philosophe, dans lequel il appelait la Divinité le Nombre des Nombres.

« Platon qui considéra, quelques siècles après, ces mêmes êtres comme des idées et des types, cherchait à pénétrer leur nature, à se les soumettre par la dialectique et la force de la pensée.

« Synésius, qui réunissait la doctrine de Pythagore à celle de Platon, appelait tantôt Dieu le Nombre des Nombres et tantôt l'idée des idées. Les gnostiques donnaient aux êtres intermédiaires le nom d'Eons. Ce nom, qui signifie en égyptien un Principe de Volonté, se développant par une faculté plastique, inhérente, s'est appliqué en grec à une durée infinie (1). »

Pour montrer jusqu'à quel point ces rapports étaient poussés par les anciens maîtres en occultisme, je vais reproduire un des tableaux magiques d'Agrippa, celui du Quaternaire.

Le lecteur pourra voir, par son étude, la façon dont les faits, les lois et les principes sont disposés dans les tableaux analogues. On verra par exemple pourquoi, pour commander aux esprits de l'AIR, il faut une plume

(1) Fabre d'Olivet, *Vers dorés de Pythagore*.

d'AIGLE (1) d'après les rapports analogiques qui existent entre l'élément et l'oiseau. Toutes ces pratiques ne servent, je le répète, qu'à fixer la volonté.

(1) Eliphas Levi, *Rituel de Haute Magie*.

ECHELLE DU 4 A LA CORRESPONDANCE DES ÉLÉMENTS

	FEU	AIR	EAU	TERRE	
Archétype					Archétype
Anges des axes du Ciel	Michel	Raphaël	Gabriel	Uriel	
Chefs des éléments	Séraphins	Chérubins	Tharsis	Ariel	
Animaux de Sainteté	Lion	Aigle	Homme	Veau	
Triplicité des signes	Bélier	Juneaux	Ecrevisse	Taureau	
	Lion	Balance	Scorpion	Vierge	
	Sagittaire	Verseau	Poissons	Capricorne	
Etoiles et Planètes	Mars et Soleil	Jupiter et Vénus	Saturne et Mercure	Etoiles fixes et Lune	
Qualité des éléments célestes	Lumière	Diaphane	Agilité	Communauté	Macrocosme
Eléments	Feu	Air	Eau	Terre	Loi de Gravitation et de
Qualités de ces éléments	Chaud	Humide	Froid	Sec	Corruption
Temps	Eté	Printemps	Hiver	Automne	
Axes du Monde	Orient	Occident	Septentrion	Midi	
Genres de mixtes parfaits	Animaux	Plantes	Métaux	Pierres	
Sortes d'animaux	Marchant	Volant	Nageant	Reptiles	
Eléments des Plantes	Semences	Fleurs	Feuilles	Racines	
Métaux	Or et Fer	Cuivre et Etain	Vif Argent	Plomb et Argent	
Pierres	Luisantes et ardentes	Légères-Transparentes	Claires-Congelées	Pesantes-Opaques	
Eléments de l'Homme	Entendement	Esprit	Ame	Corps	
Puissances de l'âme	Entendement	Raison	Fantaisie	Sens	
Puissances judiciaires	Foi	Science	Opinion	Expérience	Microcosme
Vertus morales	Justice	Tempérance	Prudence	Force	Loi de Prudence
Sens	Vue	Ouïe	Goût et Odorat	Toucher	
Eléments du corps humain	Esprit	Chair	Humeurs	Os	
Quadruple esprit	Animal	Vital	Engendratif	Naturel	
Humeurs	Colère	Sang	Pituite	Mélancolie	
Complexions	Impétuosité	Gaieté	Paresse	Lenteur	
Fleuves des Enfers	Phlegeton	Cocyte	Styx	Achéron	
Démons nuisibles	Samael	Azazel	Azael	Mahazael	
Maîtres Démons	Orien	Pagnus	Egyen	Amacus	

Une autre question que je voudrais au moins aborder avant d'aller plus loin est celle de la prédiction des événements futurs. La science divinatoire par excellence c'est l'Astrologie. Si l'on se rappelle les données de la doctrine de Pythagore concernant la Liberté et la Nécessité, il sera facile de voir les raisons théoriques qui guidaient les chercheurs dans ces études. Comme tout est analogique dans la Nature, les lois qui guident les Mondes dans leur course doivent également guider l'humanité, ce cerveau de la Terre, et les hommes ces cellules de l'humanité. Toutefois l'empire de la Volonté est si grand que, comme on l'a vu tout à l'heure, il peut aller jusqu'à dominer la Nécessité. De là cette formule qui forme la base de l'astrologie :

Astra inclinant, non necessitant.

(Les astres inclinent, mais ne « nécessitent » pas).

La Nécessité pour l'homme dérive de ses actions antérieures, de ce que les Indous appellent son Karma. Cette idée est aussi celle de Pythagore et par suite de tous les sanctuaires antiques ; voici la génération de ce KARMA :

« Nirvana, est-il dit dans *Isis*, signifie la certitude de l'immortalité individuelle en ESPRIT, non en AME ; celle-ci étant une émanation finie, ses particules, composées de sensations humaines, de passions et d'aspirations vers quelque forme objective d'existence, doivent nécessairement se désintégrer avant que l'esprit immortel renfermé dans le MOI soit tout à fait affranchi et, par conséquent, assuré contre toute transmigration nouvelle. Et comment l'homme pourrait-il atteindre cet état, aussi longtemps que l'UPADANA, ce désir de VIVRE et de vivre encore, n'aura pas disparu de l'Être sentant, de l'AHANCARA revêtu, pourtant, d'un corps éthéré ?

« C'est l'*Upadana* ou désir intense qui produit la VOLONTÉ, qui développe la FORCE, et c'est cette dernière qui engendre la MATIÈRE, c'est-à-dire un objet ayant une forme. Ainsi le MOI désincarné, rien que parce qu'il a en lui ce désir qui ne meurt pas, fournit inconsciemment des conditions à ses propres générations successives, sous diverses formes ; ces dernières dépendent de son état mental et de son KARMA, c'est-à-dire des bonnes ou mauvaises actions de sa précédente existence, de ce qu'on appelle communément ses MÉRITES et ses DÉMÉRITES. » (Mme Blavatsky.)

C'est donc l'ensemble de ces mérites et de ces démérites qui constitue pour l'homme sa Nécessité. Il en est peu qui sachent mener leur volonté à un développement tel qu'elle influe sur cette destinée ; aussi les inclinations des astres « nécessitent-elles » pour la plupart des hommes.

« L'avenir se compose du passé ; c'est-à-dire que la route que l'homme parcourt dans le temps, et qu'il modifie au moyen de la puissance libre de sa volonté, il l'a déjà parcourue et modifiée ; de la même manière, pour me servir d'une image sensible, que la terre décrivant son orbite annuel autour du soleil, selon le système moderne, parcourt les mêmes espaces, et voit se déployer autour d'elle à peu près les mêmes aspects : en sorte que, suivant de nouveau une route qu'il s'est tracée, l'homme pourrait, non seulement y reconnaître l'empreinte de ses pas, mais prévoir d'avance les objets qu'il va y rencontrer, puisqu'il les a déjà vus, si sa mémoire en conservait l'image et si cette image n'était point effacée par une suite nécessaire de sa nature et des lois providentielles qui la régissent.

« Le principe par lequel on posait que l'avenir n'est qu'un retour du passé ne suffisait pas pour en connaître même le canevas ; on avait besoin d'un second principe qui était celui par lequel on établissait que la Nature est semblable partout et, par conséquent, que son action étant uniforme dans la plus petite sphère comme dans la plus grande, dans la plus haute comme dans la plus basse, on peut inférer de l'une à l'autre et prononcer par analogie.

« Ce principe découlait des dogmes antiques sur l'animation de l'Univers tant en général qu'en particulier : dogme consacré chez toutes les nations et d'après lequel on enseignait que non seulement le Grand Tout, mais les mondes innombrables qui en sont comme les membres, les Cieux et le Ciel des Cieux, les Astres et tous les Êtres qui les peuplent, jusqu'aux plantes mêmes et aux métaux, sont pénétrés par la même âme et mus par le même Esprit. Stanley attribue ce dogme au Chaldéens, Kircher aux Egyptiens et le savant Rabbin Maïmonides le fait remonter jusqu'aux Sabéens. (1) »

Si nous voulons savoir quelle est l'origine de ces idées sur l'astrologie, nous verrons que, comme toutes les grandes sciences cultivées par l'antiquité, elle était

(1) Fabre d'Olivet, *Vers dorés*, p. 273. *Karma*, Unité de l'Univers.

répandue sur toute la surface de la Terre comme le prouve l'auteur que je ne puis me lasser d'invoquer :

« Laisse les fous agir et sans but et sans cause,
Tu dois, dans le présent, contempler l'avenir. »

« C'est-à-dire, tu dois considérer quels seront les résultats de telle ou telle action, et songer que ces résultats dépendant de ta volonté, tandis qu'ils sont encore à naître, deviendront le domaine de la Nécessité à l'instant où l'action sera exécutée, et croissant dans le passé une fois qu'ils auront pris naissance, concourront à former le canevas d'un nouvel avenir.

« Je prie le lecteur, curieux de ces sortes de rapprochements, de réfléchir un moment sur l'idée de Pythagore. Il y trouvera la véritable source de la science astrologique des anciens. Il n'ignore pas, sans doute, quel empire étendu exerça jadis cette science sur la face de la terre. Les Egyptiens, les Chaldéens, les Phéniciens ne la séparaient pas de celle qui règle le culte des Dieux. Leurs temples n'étaient qu'une image abrégée de l'Univers, et la tour qui servait d'observatoire s'élevait à côté de l'autel des sacrifices. Les Péruviens suivaient à cet égard les mêmes usages que les Grecs et les Romains. Partout le grand pontife unissait au sacerdoce la science généthliaque ou astrologique, et cachait avec soin, au fond du sanctuaire, les principes de cette science. Elle était un secret d'état chez les Etrusques et à Rome comme elle l'est encore en Chine et au Japon. Les Brahmes n'en confiaient les éléments qu'à ceux qu'ils jugeaient dignes d'être initiés.

« Or, il ne faut qu'éloigner un moment le bandeau

des préjugés, pour voir qu'une science universelle, liée partout à ce que les hommes reconnaissent de plus saint, ne peut être le produit de la folie et de la stupidité, comme l'a répété cent fois la foule des moralistes.

« L'antiquité tout entière n'était certainement ni folle ni stupide, et les sciences qu'elle cultivait s'appuyaient sur des principes qui, pour nous être aujourd'hui totalement inconnus, n'en existaient pas moins.(1) »

Quand, par suite des persécutions du pouvoir arbitraire, les initiés furent obligés de sauver les principes de leur science, ils composèrent d'après les astres un livre mystérieux, résumé et clef de toute la science antique, et livrèrent ce livre aux profanes sans leur en donner la clef. Les alchimistes comprirent le sens mystérieux de ce livre et plusieurs de leurs traités, entre autres les douze clefs de Basile Valentin, sont basés sur son interprétation. Guillaume Postel en retrouva le sens et l'appela *la Genèse d'Henoch* (2), les Rose-Croix le possédèrent également (3) et les initiations élevées n'en ont pas perdu le secret comme le prouvent les ouvrages du théosophe de Saint-Martin (4), établis d'après ces données. On trouvera des développements à ce sujet

---

(1) Fabre d'Olivet, *Vers dorés de Pythagore*, p. 270. Astrologie.
(2) *Clef des choses cachées*, Amsterdam, 1646.
(3) Les Rose-Croix affirment par exemple qu'ils ont un livre dans lequel ils peuvent apprendre tout ce qui est dans les autres livres faits ou à faire (Naudé, cité par Figuier, p. 299).
Il ne faut pas confondre ces Rose-Croix avec les titulaires du 18º degré maçonnique qui portent le même titre et ne savent rien. (Voy. *Francs-Maçons et Théosophes*, nº 5 du *Lotus*).
(4) Surtout l'ouvrage suivant : *Tableau naturel des Rapports qui existent entre Dieu, l'Homme et l'Univers*.

dans les derniers chapitres du *Rituel de Haute Magie*, d'Eliphas Levi.

J'ai voulu jeter un rapide coup d'œil sur les sciences pour lesquelles les tableaux analogiques sont indispensables ; j'espère que le lecteur ne m'en voudra pas trop.

Les histoires symboliques représentent le sens positif des vérités énoncées, les tableaux correspondent au sens comparatif et à l'analyse de ces vérités ; nous allons étudier tout à l'heure les signes qui correspondent à la synthèse.

Auparavant deux questions restent à élucider : la construction et la lecture de ces tableaux.

Pour **construire** un tableau analogique on détermine d'abord le chiffre (1. 2. 3. 4, etc.) dont le tableau est le développement. Ainsi le tableau magique ci-dessous est construit d'après le chiffre 4. Il faudra donc tout d'abord autant de colonnes qu'il y a de principes étudiés, c'est-à-dire autant de colonnes que le chiffre représente d'unités. Prenons comme exemple quatre faits quelconques et déterminons leur position d'après le nombre Trois.

Osiris	Isis	Horus
Père	Mère	Enfant
Soleil	Lune	Mercure
Lumière	Ombre	Pénombre
Feu	Eau	Air

Nous voyons bien un exposé dans ce tableau, mais nous ne savons pas de quoi les faits sont le développement. Aussi est-il nécessaire d'ajouter une colonne supplémentaire aux colonnes précédentes, dans laquelle nous écrirons ce qui nous fait ici défaut.

1ʳᵉ COLONNE SUPPLÉMENTAIRE	COLONNE POSITIVE	COLONNE NÉGATIVE	NEUTRE COLONNE
Dieu d'après les Égyptiens	Osiris	Isis	Horus
La Famille	Père	Mère	Enfant
Les trois Astres	Soleil	Lune	Mercure
La Clarté	Lumière	Ombre	Pénombre
Les Éléments	Feu	Eau	Air

Mais tous ces faits, pour aussi nombreux qu'ils soient, se rangent d'après la hiérarchie des Trois Mondes ; aussi faut-il encore ajouter une colonne, ce qui porte à deux le nombre des colonnes supplémentaires qu'il faut ajouter à tout tableau analogique. Voici le tableau définitif :

	+	−	∞	
1ʳᵉ COLONNE SUPPLÉMENT.	COLONNE POSITIVE	COLONNE NÉGATIVE	COLONNE NEUTRE	2ᵉ COLONNE SUPPLÉMENT.
Dieu d'après les Égyptiens	Osiris	Isis	Horus	Monde archétype
La Famille	Père	Mère	Enfant	Monde moral
Les trois Astres	Soleil	Lune	Mercure	
La Clarté	Lumière	Ombre	Pénombre	Monde matériel
Les Éléments	Feu	Eau	Air	

Il suffit de se reporter au tableau d'Agrippa pour voir l'usage de cette colonne des Trois Mondes.

La lecture et la pratique des tableaux analogiques sont en grande partie basées sur la lecture des tables numériques antiques, entre autres de la table de Pythagore. Cette lecture se fait d'après le triangle rectangle ainsi qu'il suit :

DE SCIENCE OCCULTE   147

1.	2.	3	4
2.	4.	6	8.
3.	6.	9.	12.
4.	8	12.	16

Soit à chercher quel nombre donne la multiplication de 3 par 4. Le résultat cherché sera à l'angle droit d'un triangle rectangle dont les deux autres angles seront formés par les éléments de la multiplication ainsi qu'il suit :

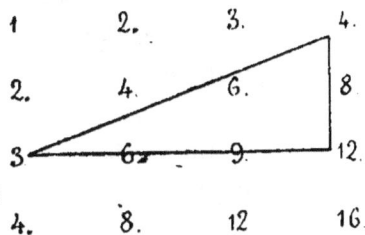

On voit que le résultat 12 se trouve à l'angle droit du triangle rectangle.

Il suffit d'appliquer ces données à un tableau analogique pour former des phrases étranges pour qui n'en a pas la clef, ainsi :

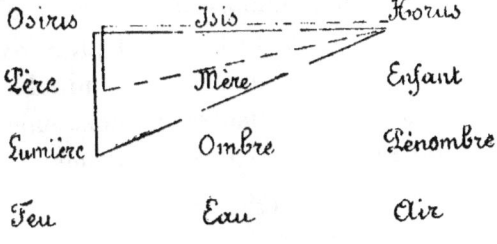

Père   Mère   Enfant

Lumière   Ombre   Pénombre

Feu   Eau   Air

1re phrase : *Osiris est le* Père *d'Horus.*
2e phrase : *Osiris est la* Lumière *d'Horus.*
3e phrase : *Osiris est le* Feu *d'Horus.*

Il est inutile, je crois, d'insister sur les combinaisons multiples qui peuvent résulter de cette façon d'écrire. On peut retourner l'angle droit du triangle, le faire venir sur le mot Horus, par exemple, et lire la phase suivante :

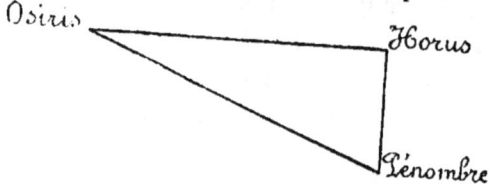

Horus est la Pénombre d'Osiris, phrase assez obscure pour qui n'en connaît pas la clef.

Nous avons donné au commencement du chapitre des applications diverses de cette méthode assez pour qu'il nous semble inutile d'y revenir.

Nous venons d'éclaircir encore un des mystérieux procédés employés par les initiés pour manifester leur idée. Nous avons aussi quelques données concernant deux des plus grandes sciences du Sanctuaire : la Magie et l'Astrologie. Poursuivons notre route et voyons si nous serons aussi heureux dans l'étude de la façon la plus secrète dont était entouré l'enseignement de la Science occulte : Les Pantacles ou figures symboliques. Mais auparavant résumons dans un tableau du Trois quelques-unes des connaissances contemporaines. Ce tableau pourrait être beaucoup augmenté ; mais nous pensons que les exemples donnés seront suffisants pour éclairer le lecteur.

QUELQUES ADAPTATIONS DU TERNAIRE AUX CONNAISSANCES CONTEMPORAINES

LES 3 Mondes	RAPPORTS, réduction à l'Unité	POSITIF-ACTIF +	NÉGATIF-PASSIF −	NEUTRE PARTICIPANT des deux ∞
Monde Divin	Dieu d'après les Chrétiens Dieu d'après les Egyptiens Dieu d'après les Indous	Père Osiris Brahma	Fils Isis Siva	Saint-Esprit Horus Vichnou
Monde intellectuel	Syllogisme Causalité Personnes du verbe Multiplication Division Espace Temps Musique Division des Astres	Majeure Cause Celle qui parle Multiplicateur Diviseur Longueur Présent Tierce Soleil	Mineure Moyen A qui l'on parle Multiplicande Dividende Largeur Passé Quinte Planète	Conclusion Effet De qui l'on parle Produit Quotient Profondeur Avenir Médiante Satellite
Monde Physique ou mineur	Homme Famille Règnes de la Nature Règne végétal Couleurs simples Chimie Forces en général Magnétisme Electricité Chaleur Lumière Matière	Tête Volonté Père Règne animal Dicotylédonées Rouge Acide Mouvement Attraction Positif Chaud Lumière Gazeuze	Ventre Corps Mère Règne minéral Acotylédonées Bleu Base Repos Répulsion Négatif Froid Ombre Solide	Poitrine Vie Enfant Règne végétal Monocotylédonées Jaune Sel Equilibre Equilibre Neutre Tempéré Pénombre Liquide

Chapitre 6

Le Sphinx
Pantacle de l'Absolu.

CHAPITRE VI

DE L'EXPRESSION SYNTHÉTIQUE DES IDÉES. — LES PANTACLES. — LE SERPENT ET SA SIGNIFICATION. — MÉTHODE D'EXPLICATION DES PANTACLES. — LA CROIX. — LE TRIANGLE. — LE SCEAU DE SALOMON. — LA DEVISE DE CAGLIOSTRO. — (יהוה) — LA 21ᵉ CLEF D'HERMÈS. — LES TROIS LANGUES PRIMITIVES. — LE SPHINX ET SA SIGNIFICATION. — LES PYRAMIDES. — LE PENTAGRAMME. — LE TRIANGLE RECTANGLE ET LE LIVRE CHINOIS TCHEN-PEY.

L'initié peut s'adresser à tous en exprimant ses idées au moyen des histoires symboliques correspondant aux FAITS et au sens positif.

Beaucoup comprennent encore, sinon le sens, du moins les mots qui composent les tableaux analogiques correspondant aux LOIS et au sens comparatif.

La compréhension *totale* de la dernière langue qu'emploie l'initié est réservée aux seuls adeptes.

Munis des éléments que nous possédons, nous pouvons cependant aborder l'explication partielle de cette méthode synthétique, la dernière et la plus élevée des Sciences occultes. Elle consiste à résumer exactement, dans un seul signe, les faits, les lois et les principes correspondant à l'idée qu'on veut transmettre.

Ce signe, véritable reflet des signes naturels, s'appelle un *pantacle*.

La compréhension et l'usage des pantacles correspond aux PRINCIPES et au sens superlatif dans la hiérarchie ternaire.

Nous avons deux choses à savoir au sujet de ces figures mystérieuses, d'abord leur construction, ensuite et surtout leur explication.

Nous avons déjà donné la réduction de la Table d'Émeraude en signes géométriques. C'est un véritable pantacle que nous avons ainsi construit; cependant, pour plus de clarté, nous allons en construire un autre.

Le secret le plus caché, le plus occulte du sanctuaire, c'était, nous le savons, la démonstration de l'existence d'un agent universel désigné sous une foule de noms et la mise en pratique des pouvoirs acquis par son étude.

Comment faudrait-il s'y prendre pour désigner cette force par un signe?

Etudions pour cela ses propriétés.

Avant tout cette force unique est douée, comme son Créateur qu'elle aide à constituer, de deux qualités polarisables; elle est active et passive, attractive et répulsive, à la fois positive et négative.

Nous avons une foule de manières de représenter l'actif; nous pourrons le désigner par le chiffre 1 en marquant le passif du chiffre 2, ce qui nous donnerait 12 pour l'actif-passif. C'est là le procédé pythagoricien.

Nous pouvons encore le désigner par une barre verticale, désignant le passif par une barre horizontale; alors nous aurons la croix, autre image de l'actif-passif.

C'est là le procédé des gnostiques et des Rose-Croix.

Mais ces deux désignations, signifiant bien *actif-passif*, ne font pas mention du positif et du négatif, de l'attractif et du répulsif.

Pour atteindre notre but, nous allons chercher notre représentation dans le domaine des formes, dans la Nature elle-même, où le positif sera représenté par un plein et le négatif par son contraire, c'est-à-dire par un vide. C'est de cette manière de concevoir l'actif que sont découlées toutes les images phalloïdes de l'antiquité.

Donc un *plein* et un *vide*, voilà les éléments grâce auxquels nous exprimons les premières qualités de la force universelle.

Mais cette force est encore douée d'un perpétuel mouvement, à tel point que c'est par ce nom que Louis Lucas l'a désignée. L'idée de mouvement cyclique répond en géométrie qualitative au cercle et au nombre dix.

Un plein, un vide et un cercle.
Voilà le point de départ de notre pantacle.

Le plein sera représenté par la queue d'un serpent, le vide par sa tête et le cercle par son corps. Tel est le sens de l'ουροϐορος antique.

Le serpent est enroulé sur lui-même de telle façon que sa tête (vide, attractif, passif) cherche continuellement à dévorer sa queue (plein-répulsif-actif), qui fuit dans un éternel mouvement.

Voilà la représentation de la force. Comment exprimerons-nous ses lois ?

Celles-ci, nous le savons, sont harmoniques et par suite équilibrées. Elles sont représentées dans le monde par l'Orient positif de la Lumière, équilibré par l'Occident négatif de la Lumière ou positif de l'Ombre ; par le Midi positif de la Chaleur, équilibré par le Nord négatif de la Chaleur ou positif du Froid. Deux forces, Lumière et Chaleur, s'opposant l'une à l'autre en positif et négatif pour constituer un quaternaire, voilà l'image des Lois du Mouvement désignées par ses Forces Équilibrées. Leur représentation sera la Croix.

Nous ajouterons donc entre la bouche et la queue du serpent ou autour de lui l'image de la Loi qui régit le mouvement, le quaternaire.

Nous connaissons la force universelle et sa représentation ainsi que celle de ses lois. Comment exprimerons-nous sa marche ?

Nous savons que cette force évolue et involue perpétuellement des courants vitaux qui sematérialisent, puis se spiritualisent, qui sortent et rentrent constamment dans l'unité. L'un de ces courants, celui qui va de l'Unité à la Multiplicité, est donc passif descendant; l'autre, qui va de la Multiplicité à l'Unité, est actif ascendant.

Plusieurs moyens nous seront donc fournis pour représenter la marche de la force universelle.

Nous pourrons la désigner par deux triangles, l'un noir et descendant, l'autre blanc et ascendant. C'est là le procédé suivi dans le pantacle de la Société théosophique.

Nous pourrons la désigner par deux colonnes, l'une blanche, l'autre noire (procédé suivi dans la Franc-Maçonnerie, colonnes JAKIN et BOHAS) ou par les positions données aux bras d'un personnage, l'un levé en haut pour désigner le courant ascendant, l'autre baissé vers la terre pour désigner le courant descendant.

Réunissons tous ces éléments et nous verrons apparaître la figure qui constitue la 21ᵉ clef du Tarot, image de l'absolu.

Le serpent représente la force universelle, les quatre animaux symboliques, la loi des forces équilibrées émanées de cette force, les deux colonnes au centre du serpent, la marche du Mouvement, et la jeune fille, la production qui en résulte, la Vie.

L'ουροϐορος considéré seul, sans son développement, exprime donc un des principes les plus généraux qui existent. Ce sera l'image :

Dans le Monde Divin :   De l'action du Père sur le Fils.

Dans le Monde Intellectuel :   De l'action de la Liberté sur la Nécessité.

Dans le Monde Matériel ou Physique :   De l'action de la Force sur la Résistance.

Cette figure est encore susceptible d'une foule d'applications. En un mot, c'est un pantacle, une image de l'absolu.

Explication des Pantacles. — Ces figures qui semblent au premier abord si mystérieuses deviennent cependant, dans la plupart des cas, relativement faciles à expliquer. Voici quelles sont les règles les plus générales qu'on peut assigner à cette explication :

I. *Décomposer la figure en ses éléments* ;

II. *Voir la situation qu'occupent ces éléments dans la figure les uns par rapport aux autres ;*

III. *Chercher la science à laquelle se rattache de plus près le pantacle.*

I

DÉCOMPOSITION DE LA FIGURE EN SES ÉLÉMENTS

Tout pantacle, pour aussi complexe qu'il paraisse, peut être décomposé en un certain nombre d'éléments se rapportant à la géométrie qualitative (voy. chap. IV).

Nous allons passer en revue un certain nombre d'éléments grâce auxquels le travail se trouvera de beaucoup abrégé.

Mais auparavant je tiens à donner un moyen qu'on doit toujours employer quand la détermination des éléments est difficile, c'est de les compter. On les trouve alors rangés par trois, par sept ou par douze.

S'ils sont rangés par trois l'idée qu'ils renferment est celle d'Actif-Passif-Neutre et de ses conséquences.

S'ils sont rangés par sept, ils se rapportent soit aux sept planètes, soit aux couleurs de l'œuvre hermétique, et la 3ᵉ considération (science à laquelle se rapporte la figure) éclaire alors la description.

Enfin s'ils sont rangés par douze, ils expriment tout mouvement zodiacal, et celui du Soleil en particulier.

Cette difficulté écartée, voyons quelques-uns des principaux éléments.

La *croix* exprime l'opposition des forces deux à deux pour donner naissance à la Quinte essence. C'est l'image de l'action de l'Actif sur le Passif, de l'Esprit sur la Matière.

†

Naturellement la tête domine le corps, l'Esprit domine la Matière ; quand les sorciers veulent exprimer leurs idées dans un pantacle, ils formulent leurs imprécations en détruisant l'harmonie de la figure, ils mettent *la croix la tête en bas* et par là expriment les idées suivantes :

La Matière domine l'Esprit ;
Le Mal est supérieur au Bien ;
Les Ténèbres sont préférables à la Lumière.
L'homme doit se laisser guider uniquement par ses plus bas instincts et tout faire pour détruire son intelligence, etc., etc.

Nous savons que la croix exprime ces idées parce qu'elle est formée d'une barre verticale (image de l'actif) et d'une barre horizontale (image du passif) avec toutes les analogies attachées à ces termes.

Le *carré* exprime l'opposition des forces actives et passives pour constituer un équilibre ; c'est pourquoi il est particulièrement l'image de la forme.

Le *Triangle* exprime des idées différentes suivant les positions qu'affecte son sommet.

En lui-même le triangle est formé de deux lignes opposées, images du 2 et de l'antagonisme, qui iraient se perdre dans l'Infini sans se rencontrer jamais si une troisième ligne ne venait les unifier toutes deux et par là les ramener à l'Unité en constituant la première figure fermée.

Le *triangle la tête en haut* représente tout ce qui monte de bas en haut.

Il est particulièrement le symbole du Feu, du chaud (1)·

« C'est le mystère hiérarchique de la Lumière et la Matière radicale du Feu Élémentaire, c'est le principe formel du Soleil, de la Lune, des étoiles et de toute la Vie naturelle.

« Cette lumière primitive porte en haut tous les phénomènes de sa vertu parce qu'étant purifiée par l'Unité de la Lumière incréée elle s'élance toujours vers l'Unité d'où elle emprunte son ardeur (2). »

Le *triangle la tête en bas* représente tout ce qui descend de haut en bas.

---

(1) « Comme la flamme d'une torche tend toujours à s'élever, de quelque manière qu'on la tourne, ainsi l'homme dont le cœur est enflammé par la vertu, quelque accident qu'il lui arrive, se dirige toujours vers le but que la sagesse lui indique. » (*Proverbes* du Brahme Barthrovhari.)

(2) *L'Ombre idéale de la Sagesse universelle.*

Il est particulièrement le symbole de l'Eau, de l'Humide.

« C'est l'Eau surceleste ou la Matière métaphysique du Monde sortie de l'Esprit prototype ; la Mère de toutes choses qui du Binaire produit le Quaternaire.

« Tous ses mouvements tendent en bas et de là vient qu'elle individualise les Matières particulières et les corps de toutes choses en leur donnant l'existence (1). »

L'*Union des deux triangles* représente la combinaison du Chaud et de l'Humide, du Soleil et de la Lune, le principe de toute création, la circulation de la VIE du Ciel à la Terre et de la Terre au Ciel, l'évolution des Indous.

Cette figure, appelée SCEAU de SALOMON, représente l'Univers et ses deux Ternaires: DIEU et la NATURE; c'est l'image du Macrocosme.

Elle explique les paroles d'Hermès dans la Table d'Émeraude :

« Il monte de la Terre au Ciel et derechef il descend en terre et reçoit la force des choses supérieures et inférieures. »

Elle représente encore les vertus (η βασιλεια, και η δωξα, και η δυναμις) répandues dans les cycles générateurs (εις τους αιωνας) du verset occulte du *Pater* de Saint-Jean, que récitent encore les prêtres orthodoxes.

---

(1) *L'Ombre idéale de la Sagesse universelle.*

« C'est la perfection de l'Univers dans l'ouvrage mystique des six jours où l'on assigne au Monde le haut et le bas, l'Orient et l'Occident, le Midi et le Septentrion.

« Ainsi cet hiéroglyphe du Monde en découvre les sept lumières dans le mystère des sept jours de la Création, car le centre du Senaire fait le Septenaire sur lequel roule et se repose la Nature et que Dieu a choisi pour sanctifier son Nom adorable. Je dis donc que LA LUMIÈRE du Monde sort du Septenaire parce que l'on monte de lui au Denaire qui est l'Horizon de l'Éternité d'où partent toute la jouissance et la vertu des choses. » (*L'Ombre idéale*.)

Le lecteur doit être à même, d'après les indications précédentes, de comprendre ces passages d'un écrit du plus pur mysticisme.

II

SITUATION DES ÉLÉMENTS

Déterminer les éléments qui composent un pantacle, c'est un grand point, mais là ne doit pas se borner le travail de l'investigateur.

La position qu'occupent ces éléments jette une vive clarté sur les points les plus obscurs et cette position est relativement facile à déterminer par la méthode des oppositions.

Cette méthode consiste à appliquer à l'intelligence d'un élément resté obscur la signification opposée de l'élément placé en opposition de celui-ci.

Soit l'exemple suivant :

P...

L∴   **D**∴

Voici trois lettres formant la devise de Cagliostro. Je suis arrivé, supposons, à retrouver le sens de la première et à voir qu'elle signifiait : *Liberté* ; j'ai vu ma supposition confirmée par le triangle à sommet supérieur représenté par les trois points et situé à sa suite, je cherche la signification de l'autre lettre, D.

D'après la méthode des oppositions, je sais que cette lettre, opposée de la première, aura un sens réciproque du premier sens, Liberté ; ce sens doit être enfermé dans l'idée de *Nécessité*. Mais le triangle à sommet inférieur ∴ m'indique bientôt que cette nécessité est passive dans ses manifestations et l'idée de Devoir vient prendre la place de la lettre D, la réaction de L sur D donne le *Pouvoir*.

Cet exemple très simple permet de saisir les données de la méthode des oppositions qui est d'une grande utilité dans l'explication des figures mystérieuses. Cette méthode est toujours employée soit en désignant les opposés par des couleurs différentes comme les deux colonnes J et B des franc-maçons, l'une rouge, l'autre bleue, soit en les désignant par des formes différentes comme la bouche et la queue du serpent images de l'actif et du passif, ou les symboles de **génération** placés sur les colonnes maçonniques, soit encore en leur donnant des directions différentes comme dans le *Sceau de Salomon* (les deux triangles à sommets opposés) ou dans la *croix* (opposition des Lignes).

$$\left.\begin{array}{l}\text{Couleurs}\\\text{Formes}\\\text{Directions}\end{array}\right\}\text{opposées}$$

Telles sont les trois façons sous lesquelles sont désignés les antagonistes dans les pantacles.

Nous retrouvons l'application de ceci dans les diverses façons de représenter le quaternaire, image de l'absolu. (Voy. *Cycle des nombres*, chap. ii.)

Littéralement le quaternaire est désigné par quatre lettres hébraïques : יהוה.

La première י (iod) représente l'actif.

La seconde ה (hé) est l'image du passif.

La troisième ו (vau) représente le lien qui les lie toutes deux.

Enfin la quatrième ה (hé) est la seconde répétée et indique la perpétuité des productions d'Osiris-Isis.

Pour écrire ces lettres à la façon des initiés il faut les disposer en croix comme ceci :

Dans ce cas, la direction indique la signification des éléments, car les éléments actifs (iod et vau) sont sur la même ligne verticale.

Les éléments passifs sur la même ligne horizontale.

On peut également désigner ce quaternaire par des formes différentes :

Le *Bâton*, image de l'actif, représentera le *iod* (י).

La *Coupe*, creuse, image du passif, représentera le premier *hé* (ה).

L' *Épée* ou image de l'alliance de l'actif et du passif, La *Croix* représentera le *vau* (ו)

Le *Disque* représentera deux coupes superposées et par suite 2 fois 2 indiquant la répétition du *hé* (ה).

Bâton ou *Trèfle* ⎫ Tels sont les éléments,
Coupe ou *Cœur* ⎬ images de l'absolu, qui
Epée ou *Pique* ⎪ constituent les cartes à
Disque ou *Carreau* ⎭ jouer.

Ces éléments sont peints de deux façons opposées (*rouges* et *noirs*) pour montrer que le quaternaire est formé par l'opposition deux à deux de deux forces primordiales, une active : rouge, l'autre passive : noire.

Voici le résumé géométrique de cette manière de considérer le quaternaire :

Considérez la 21ᵉ clef du Livre d'Hermès et vous allez retrouver tout ceci dans les quatre animaux symboliques.

En résumé, la seconde méthode d'explication consiste à opposer le haut de la figure avec le bas, la droite avec la gauche pour en tirer les éclaircissements nécessaires à l'explication.

Il est rare que le sens d'une figure, pour aussi mystérieuse qu'elle soit, n'apparaisse pas en alliant la première méthode (séparation des éléments) à celle-ci.

Toutes ces considérations sur l'explication des figures paraîtront peut-être bien futiles à quelques lecteurs : mais qu'ils songent que la science antique réside presque entièrement dans des pantacles et alors sans doute ils excuseront la monotonie de ces développements.

Ne retrouvons-nous pas l'application de ces données dans la façon d'écrire les trois langues primitives : le Chinois — l'Hébreu — le Sanscrit (1) ?

Le Chinois s'écrit de haut en bas, c'est-à-dire verticalement et de droite à gauche.

L'Hébreu horizontalement et de droite à gauche.

Le Sanscrit horizontalement et de gauche à droite.

D'après Saint-Yves d'Alveydre (2), la direction de l'écriture indiquerait l'origine de l'instruction des peuples. Si nous appliquons ceci aux écritures précédentes, nous trouverons que :

Tous les peuples qui écrivent comme les Chinois, c'est-

---

(1) Voy. les travaux de Fabre d'Olivet sur la langue hébraïque.
(2) *Mission des Juifs.*

à-dire du Ciel à la Terre (1), ont une origine touchant de très près à la source primitive. (Les Chinois sont les seuls qui possèdent encore une écriture idéographique.)

Tous les peuples qui écrivent comme les Hébreux, de l'Orient à l'Occident, ont reçu leur instruction d'une source orientale.

Enfin, tous les peuples qui écrivent comme le Sanscrit, d'Occident en Orient, tiennent leur savoir des primitifs sanctuaires métropolitains d'Occident et surtout des Druides.

D'après cela on pourrait considérer le Chinois comme une racine primitive qui, partie du ciel, donnerait comme rejeton l'Hébreu ou le Sanscrit suivant qu'on la prendrait comme active ou passive, comme orientale ou occidentale. Tout ceci se résume dans les dispositions suivantes :

III

SCIENCE A LAQUELLE SE RATTACHE LE PANTACLE

C'est un grand point d'avoir décomposé une figure en ses éléments, d'avoir trouvé le sens de ces éléments par

(1) Moreau de Dammartin, dans son *Traité sur l'Origine des Caractères alphabétiques* (Paris, 1839), démontre que les caractères chinois sont tirés de la configuration des signes célestes.

la méthode des oppositions ; mais là ne doit point se borner le travail du chercheur.

Supposons qu'il soit arrivé à rapporter aux sept planètes sept éléments d'une analyse difficile ; a-t-il lieu d'être satisfait ?

Le sens général du Pantacle peut seul l'éclairer à ce sujet : S'il s'agit d'Astrologie, le sens positif atttribué aux planètes lui suffira ; s'il s'agit d'Alchimie, le sens comparatif seul sera utile et les planètes désigneront les couleurs de l'œuvre (1) ; enfin, s'il est question de Magie, les planètes se rapporteront aux noms des intelligences qui les gouvernent.

On voit de quelle importance est la détermination du sens d'un pantacle et cette détermination ne peut être obtenue qu'en combinant les deux premières méthodes : *Décomposition en éléments. — Oppositions des éléments.*

Enfin, disons que cette spécification du sens des figures mystérieuses n'existe presque jamais dans les figures antiques et qu'elles désignent analogiquement les trois significations correspondant aux trois mondes.

Appliquons maintenant les données précédentes à l'explication des figures symboliques les plus faciles à rencontrer dans l'étude de la Science occulte.

---

(1) « Mais toutefois quand le roi est entré, premièrement il se dépouille de sa robe de drap de fin or, battu en feuilles très déliées, et la baille à son premier homme qui s'appelle Saturne. Adonc Saturne la prend et la garde quarante jours ou quarante-deux au plus, quand une fois il l'a eue ; après le roi revêt son pourpoint de fin velours et le donne au deuxième homme qui s'appelle Jupiter qui le garde vingt jours bons. Adonc Jupiter, par commandement du roi, le baille à la Lune qui est la tierce personne, etc., etc. » (Bernard le Trevisan.)

Je m'abstiendrai souvent d'analyser les explications, que le lecteur pourra retrouver aussi facilement que moi par l'emploi des méthodes ci-dessus.

LE SPHINX

Les Religions se succèdent sur la Terre, les générations passent et les derniers venus croient pouvoir, dans leur orgueil, narguer les connaissances de l'antiquité. Au-dessus de toutes les sectes, au-dessus de toutes les querelles, au-dessus de toutes les erreurs se dresse le Sphinx immobile qui répond par un troublant : Que suis-je ? aux ignorants qui blasphèment la Science.

Les temples peuvent être détruits, les livres peuvent disparaître sans que les hautes connaissances acquises par les anciens puissent être oubliées. Le sphinx reste et il suffit.

Symbole de l'Unité, il résume en lui les formes les plus étrangères l'une à l'autre.

Symbole de la Vérité, il montre la raison de toutes les erreurs dans ses contrastes mêmes.

Symbole de l'Absolu, il manifeste le Quaternaire mystérieux.

Ma religion seule est vraie, crie le fanatique chrétien.

La vôtre est l'œuvre d'un imposteur, la mienne seule vient de Dieu, répond le Juif.

Tous vos livres saints sont des copies de notre Révélation, s'écrie l'Indou.

Toutes les religions sont des mensonges, rien n'existe en dehors de la Matière, les principes de tous les cultes viennent de la contemplation des astres, la Science seule est vraie, soutient le Savant moderne.

Et le sphinx se dresse au-dessus de toutes les disputes, immobile, résumé de l'Unité de tous les cultes, de toutes les Sciences.

Il montre au chrétien l'Ange, l'Aigle, le Lion et le Taureau qui accompagnent les évangélistes; le Juif y reconnaît le songe du Juif Ezéchiel; l'Indou, les secrets d'Adda Nari, et le savant allait passer dédaigneux quand il retrouve sous tous ces symboles les lois des quatre forces élémentaires, Magnétisme, Électricité, Chaleur, Lumière.

Indécis sur sa marche dans la vie, le futur initié interroge le sphinx et le sphinx parle :

Regarde-moi, dit-il, j'ai une tête humaine dans laquelle siège la Science, comme te l'indiquent les ornements de l'initié qui la décorent.

La Science conduit ma marche dans la vie, mais, seule, elle est d'un faible secours. J'ai des griffes de Lion à mes quatre membres; je suis armé pour l'action, je me fais place à droite et à gauche, en avant et en arrière, rien ne résiste à mes griffes guidées par ma tête, rien ne résiste à l'Audace conduite par la Science.

Mais ces pattes ne sont aussi solides que parce qu'elles sont greffées sur mes flancs de Taureau. Quand une fois j'ai entrepris une action, je poursuis mon but laborieusement, avec la patience du bœuf qui trace le sillon.

Dans les moments de défaillance, quand le découragement est près de m'envahir, quand ma tête ne se sent plus assez forte pour diriger mon être, j'agite mes ailes d'aigle. Je m'élève dans le domaine de l'intuition, je lis dans le Cœur du Monde les secrets de la Vie universelle, puis je reviens continuer mon œuvre en silence.

Ma *tête* te recommande de *Savoir*
Mes *griffes* — d' *Oser*
Mes *flancs* — de *Vouloir*
Mes *ailes* — de *Se Taire*

Suis mes conseils et la vie te paraîtra juste et belle.

« Le front d'Homme du Sphinx parle d'intelligence
Ses mamelles d'amour, ses ongles de combat.
Ses ailes sont la Foi, le Rêve et l'Espérance
Et ses flancs de Taureau le travail d'ici-bas.

« Si tu sais travailler, croire, aimer, te défendre
Si par de vils besoins tu n'es pas enchaîné,
Si ton cœur sait vouloir et ton esprit comprendre,
Roi de Thèbes, salut, te voilà couronné (1) ! »

TÊTE

AILES

FLANCS

PATTES   **PATTES**

Dans ce symbole de sphinx deux grandes opposition se montrent :

En avant : La *Tête* (la *Science*) s'oppose aux *pattes* (l'*audace*).

En arrière : Les *Flancs* (*Travail*) s'opposent également aux *pattes* (*audace*).

(1) Eliphas Levi, *Fables et Symboles*.

Entre les deux : Existe l'*intuition* (*ailes*) qui les règle.

L'audace dans son action agira d'une manière efficace (pattes de devant) si la Science la domine toujours assez pour la guider.

(TÊTE)
L'audace dans les études sera couronnée de succès (pattes de derrière) si elle se laisse conduire par le Travail et la Persévérance.

(flancs de Taureau)
Enfin les excès dans l'Action ou dans l'Étude doivent être tempérés par l'usage de l'imagination (ailes d'aigle).

Une autre opposition apparaît, c'est celle du Haut et du Bas harmonisés par le Milieu.

HAUT	—	TÊTE	AILES
	MILIEU	—	FLANCS DE TAUREAU
BAS	—	PATTES DE DEVANT	PATTES DE DERRIÈRE
		+	—

En haut siègent la Science et l'Imagination, en bas la pratique, pratique dans la Science (pattes de devant) pratique dans l'Imagination (pattes de derrière).

La Théorie doit toujours dominer et conduire la pratique, celui qui veut découvrir les Vérités de la Nature rien que par l'expérience matérielle est semblable à un homme qui voudrait se passer de tête pour mettre ses membres en action.

Pas de Théorie sans Pratique
Pas de Pratique sans Théorie
Pas de Théorie ⎱ *sans Travail*
Pas de Pratique ⎰

172   TRAITÉ ÉLÉMENTAIRE

Voilà ce que nous dit encore le Sphinx.

Résumons tout ceci dans une figure d'après les indications que nous venons de découvrir.

Devant +	{	Tête humaine	=	Actif +
		Pattes de devant	=	Passif —
Derrière —	{	Ailes d'aigle	=	Actif +
		Pattes de Derrière	=	Passif —
Milieu ∞	{	Entre les deux et les unissant on voit les flancs de taureau.		Neutre ∞

Nous désignerons le devant du sphinx actif par une barre verticale.

Le derrière passif par une barre horizontale et nous obtiendrons la figure suivante :

Tête humaine
|
Ailes d'Aigle — FLANCS — Pattes de Derrière
|
Pattes de Devant

ou en résumé

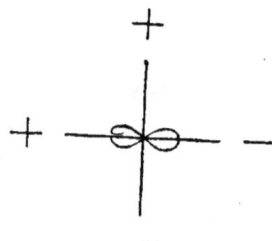

Cette dernière figure nous indique les lois des forces élémentaires émanées de la Force universelle :

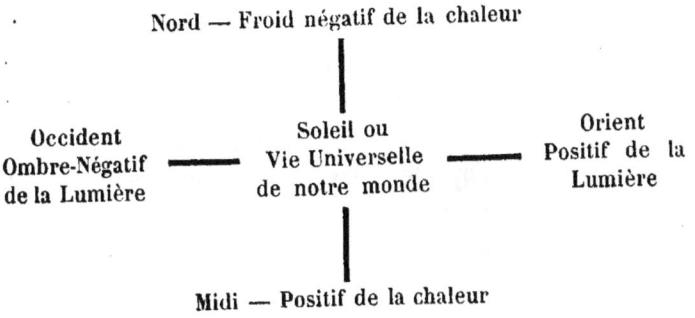

Autre signification du Sphinx.

LES PYRAMIDES

Le sphinx n'est pas le seul monument symbolique que nous ait légué l'Egypte.

Les traces des anciens centres d'initiation subsistent encore dans les Pyramides.

« En face du Caire, le plateau de Gizeh, qui se détache en éperon de la chaîne libyque, porte encore sur la rive gauche du Nil trois monuments qui ont défié l'action du Temps et des hommes : ce sont les Pyramides.

« Ces trois masses, à bases carrées, un peu inégales en grandeur, forment par leur situation respective un triangle dont une face regarde le Nord, un autre l'Occident et la troisième l'Orient. La plus grande, située à l'angle du Nord et vers le Delta, symbolise la force de la Nature ; la seconde, élevée au Sud-Ouest, à distance d'une portée de flèche de la première, est le symbole du Mouvement ; et la dernière, bâtie au sud-est de celle-ci à distance d'un jet de pierre de la seconde, symbolise le Temps. Au midi de cette dernière, à une médiocre distance, sur une ligne qui se prolonge de l'Orient à l'Occident, se dressent trois autres pyramides formant des masses moins considérables et près desquelles s'entassent d'innombrables pierres colossales que l'on pourrait considérer comme les ruines d'une septième pyramide. Il est en effet permis de supposer que les Égyptiens avaient voulu représenter par sept aiguilles ou conoïdes flammiformes, les sept mondes planétaires dont les génies régissent notre univers et dont Hermès fut le révélateur. » (Christian, *Hist. de la Magie*, pp. 99 et 100.)

Chaque pyramide est construite sur une base carrée, symbolisant par là la matière, la forme, le signe, l'adaptation.

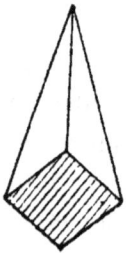

L'élévation de chacun des côtés est Ternaire et symbolise l'idée, la théorie.

Que veut dire cette suprématie du Ternaire sur le quaternaire ?

Le Ternaire domine le Quartenaire, c'est-à-dire :

L'Idée — le Signe
L'Esprit — la Matière
La Théorie — la Pratique

L'ensemble de la Pyramide est formé de 4 et de 3, c'est-à-dire de sept, symbole de l'alliance entre l'Idée et le Signe, entre l'Esprit et la Matière, entre la théorie et la pratique, c'est la Réalisation.

En haut la Pyramide nous montre un point mathématique (son sommet) d'où partent quatre idées (quatre triangles). Ces quatre idées viennent se baser sur une forme unique (la base) et par là montrent leur solidarité.

Nous retrouvons dans l'étude de ces pyramides le mystérieux tétragramme.

LE PENTAGRAMME

Le Pentagramme ou étoile à cinq pointes, l'Étoile flamboyante des francs-maçons, est encore un pantacle et un des plus complets qu'on puisse imaginer.

Ses sens sont multiples, mais ils se ramènent tous à l'idée primordiale de l'alliance du quaternaire et de l'Unité.

Cette figure désigne surtout l'homme, et c'est dans cette acception que nous allons l'étudier.

La pointe supérieure représente la tête, les quatre autres pointes, les membres de l'homme. On peut aussi considérer ce pantacle comme image des cinq sens ; mais cette signification trop positive ne doit pas nous arrêter.

Sans vouloir expliquer ici complètement les secrets de cette figure, nous pouvons montrer combien est facile l'interprétation qui peut guider dans sa mise en pratique. En effet, les magiciens se servent, pour agir sur les esprits, du Pentagramme la tête en haut, les sorciers du Pentagramme la tête en bas.

Le Pentagramme la tête en haut indique l'homme chez qui la volonté (la tête) conduit les passions (les membres).

L'idée étant représentée par 3 et la matière (dyade) par 2, on peut, en décomposant ainsi le Pentagramme, montrer cette domination de l'Esprit sur la Matière.

Le Pentagramme la tête en bas représente la même figure que la croix renversée, c'est l'homme chez qui les Passions entraînent la Volonté, c'est l'homme passif, l'homme qui laisse subjuguer sa volonté par les mauvais esprits, c'est le Médium.

Dans cette situation le Pentagramme indique la matérialisation de l'Esprit, l'homme qui consent à mettre sa tête en bas et ses jambes en l'air.

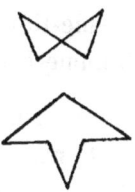

Le Pentagramme peut donc représenter le Bien ou le Mal suivant la direction qu'il affecte et c'est pour cela qu'il est l'image de l'Homme, du Microcosme capable de faire le Bien ou le Mal suivant sa Volonté.

LE TRIANGLE RECTANGLE

Il existe un pantacle connu dès la plus haute antiquité en Chine, c'est le triangle rectangle dont les côtés ont une longueur spéciale.

Ils ont respectivement 3, 4, et 5, si bien que le carré de l'hypoténuse $5 \times 5 = 25$ est égal au carré des autres côtés $3 \times 3 = 9$ et $4 \times 4 = 16$; $16 + 9 = 25$.

Mais là ne s'arrête pas le sens attribué à ce pantacle; les nombres ont en effet une signification mystérieuse qu'on peut interpréter ainsi.

3, l'idée, alliée à 4, la forme, fait équilibre à 5, le Pentagramme ou l'Homme; ou dans une autre interprétation :

L'Essence absolue 2, plus l'Homme 4, fait équilibre au Mal 5. On voit que cette dernière interprétation ne diffère de la première que par l'application des mêmes prin-

178   TRAITÉ ÉLÉMENTAIRE

cipes à un monde inférieur, comme le montre la disposition suivante :

Idée-Essence
Forme-Homme
Homme-Mal.

L'étude de Pentagramme suffit du reste à expliquer ces apparentes contradictions.

Nous donnons à titre de curiosité le livre chinois *Tchen-pey*, basé sur les données ci-dessus. Il est extrait des *Lettres édifiantes* (t. 26, p. 146, Paris, 1783). Le missionnaire qui l'a traduit le déclare antérieur à l'incendie des livres, 213 av. J.-C. Claude de Saint-Martin en a publié un commentaire mystique dans son *Traité des Nombres* (Dentu, Paris, 1863).

Comme on peut le voir ce livre est basé sur les 22 clefs du livre d'Hermès.

LES 22 TEXTES DU LIVRE CHINOIS TCHEN-PEY

1

« Anciennement Tcheou-Kong interrogea Chang-kao et dit : J'ai ouï dire que vous êtes habile dans les nombres ; on dit que Pao-hi donna des règles pour mesurer le ciel.

2

On ne peut pas monter au ciel, on ne peut avec le pied et le pouce mesurer la terre ; je vous prie de me dire les fondements de ces nombres.

3

« Chang-kao dit :

4

« Le Yu-en (rond) vient du Fang (carré) 4 = 10.

5

« Le Fang vient du Ku.

6

« Le Ku vient de la multiplication de 9 par 9, cela fait 81.

7

« Si on sépare le Ku en deux, on fait le Keou large de trois et un Kou long de quatre. Une ligne King joint les deux côtés Keou, Kou fait des angles, le King est de cinq.

8

« Voyez la moitié du Fang.

9

« Le Fang ou le Plat fait les nombres 3, 4, 5.

10

« Les deux Ku font un long Fang de 25, c'est le Tsi-ku total des Ku (5 × 5 = 25).

11

« C'est par la connaissance des fondements de ces calculs que Yu mit l'Empire en bon état.

12

« Tcheou-Kong dit : Voilà qui est grand, je souhaite savoir comment se servir du Ku. Chang-kao répondit : « Le Ku aplani et uni est pour niveler le niveau.

13

« Le Yen-ku est pour voir le haut ou la hauteur.

14

« Le Fou-ku est pour mesurer le profond.

15

« Le Go-ku est pour savoir l'éloigné.

16

« Le Ouan-ku est pour le rond.

17

« Le Ho-ku est pour le Fang.

18

« Le Fang est du ressort de la Terre. Le Yu-en est du ressort du ciel, le ciel est Yu-en, la terre est Fang.

19

« Le calcul du Fang est tien. Du Fang vient le Yu-en.

20

« La figure Ly est pour représenter, décrire, observer le ciel. On désigne la terre par une couleur brune et noire. On désigne le ciel par une couleur mêlée de jaune et d'incarnat.

« Les nombres et le calcul pour le ciel sont dans la figure Ly. Le ciel est comme une enveloppe, la terre se trouve au-dessous de cette enveloppe et cette figure ou instrument sert à connaître la vraie situation du ciel et de la terre.

21

« Celui qui connaît la terre s'appelle sage et habile. Celui qui connaît le ciel s'appelle Fort sage, sans passions. La connaissance du Keou-Ku donne la sagesse, on connaît par là la terre ; par cette connaissance de la terre on parvient à la connaissance du ciel et on est fort sage et sans passions, on est Ching. Les cotés Keou et Ku ont leurs nombres ; la connaissance de ces nombres prouve celle de toutes choses.

22

« Tcheou-Kong dit : Il n'est rien de mieux.

Chapitre 7

Hiéroglyphe alchimique
(Notre-Dame-de-Paris)

CHAPITRE VII

LA SCIENCE OCCULTE ET LA SCIENCE CONTEMPORAINE. — L'IMAGINATION ET LE RÉALISME. — BACON, TROUSSEAU, CLAUDE BERNARD (CITATIONS). — LES SOCIÉTÉS D'INITIATION AU XIX° SIÈCLE. — LA FRANC-MAÇONNERIE. — LA SOCIÉTÉ THÉOSOPHIQUE. — L'« ISIS » ET LE « LOTUS ». — IL N'Y A PAS DE RELIGION PLUS ÉLEVÉE QUE LA VÉRITÉ.

Nous voici parvenus au but que nous nous étions désigné. Quelques textes bien authentiques d'auteurs anciens nous ont révélé une science presque aussi riche que la nôtre expérimentalement et surtout théoriquement ; curieux de pénétrer plus avant, nous avons suivi cette science jusque dans les sanctuaires de l'initiation égyptienne ; nous avons retrouvé le grand secret qu'on y renfermait : l'existence et la mise en œuvre d'un agent universel, unique dans son essence, triple dans ses manifestations.

Connaissant les éléments de la théorie, nous avons voulu savoir comment elle était mise en pratique.

C'est alors que la Science antique nous est apparue complète, munie de ses méthodes spéciales, basées sur l'emploi de l'analogie, et de ses divers moyens de diffusion. Le prêtre égyptien nous a révélé avec quel art l'histoire symbolique transmettait aux générations les grands secrets de l'Hermétisme ; les tableaux des correspondances nous ont livré les clefs de la Magie théorique ; enfin les pantacles et leur explication ont fait tomber devant nous le troisième voile derrière lequel pouvaient se cacher les secrets du sanctuaire.

Les trois premiers chapitres nous ont fait connaître la théorie, les quatre derniers nous livrent l'adaptation ; enfin l'alliance des 3 et des 4 nous montrera la Réalisation possible de la Science antique dans le Septenaire.

Nous croyons avoir assez montré les raisons qui nous conduisaient à proclamer l'existence d'une science réelle hors du domaine des Sciences contemporaines ; là ne doit cependant pas se borner notre étude.

Voyons la situation que ces deux Sciences occupent l'une par rapport à l'autre :

Nous savons déjà que ces deux Sciences ne forment en réalité que les aspects opposés d'une seule et même Science ; l'une d'elles, la Science occulte, s'occupant surtout du général et de la synthèse ; l'autre, la Science contemporaine, s'occupant principalement du particulier et de l'analyse. Ces considérations suffisent à elles seules pour montrer clairement la position respective de ces deux aspects de la Vérité.

Chaque fois que la Science expérimentale a voulu par ses méthodes établir une synthèse, elle n'a abouti qu'à des résultats vraiment dérisoires eu égard au travail employé. C'est alors qu'elle a abandonné l'étude du général aux rêveurs de toute école, se contentant de la connaissance du monde sensible. Toutefois l'absence de lien entre toutes les branches du savoir se fait chaque jour sentir davantage ; la suggestion à distance, les manifestations d'une force encore inconnue chez les Spirites, étudiées par les savants les plus éminents de tous les pays (1), ont amené de force la science de la Matière dans le domaine de l'Esprit. Les derniers sceptiques, craignant d'être convaincus de force, ne veulent plus voir les phénomènes inexpliqués et croient par là empêcher la Vérité de se produire. Ils invoquent à tout propos l'opinion du fondateur officiel de la méthode expérimentale, de Bacon, qui leur a pourtant dit justement les illusions auxquelles les conduirait l'emploi trop irréfléchi des Mathématiques :

« Au lieu d'exposer les raisons des phénomènes célestes, on ne s'occupe que d'observations et de démonstrations mathématiques ; or, ces observations et ces démonstrations peuvent bien fournir quelque hypothèse ingénieuse pour arranger tout cela dans sa tête, et se faire une idée de cet assemblage, mais non pour savoir au juste comment et pourquoi tout cela est réellement dans la nature : elles indiquent tout au plus les mouvements apparents, l'assemblage artificiel, la combinaison arbitraire de tous ces phénomènes, mais non les causes véritables et la réalité des choses ; et quant à ce sujet, c'est avec fort peu de jugement que l'astronomie est rangée parmi les sciences mathématiques ; cette classification déroge à sa dignité. » (Bacon, *De Dign. et Increm. Scienc.*, l. III, c. IV.)

(1) Voy. *l'Occultisme contemporain*.

Tous les grands hommes disent que l'étude du visible ne suffit pas, que l'invisible seul renferme les vérités les plus utiles à connaître ; qu'importe. Tout cela n'avait pas échappé à la merveilleuse sagacité des initiateurs antiques qui savaient montrer avec tant d'art, à l'aspirant, la différence entre le monde sensible et le monde intelligible :

« Avant l'ouverture des Mystères d'Isis, on donnait au récipiendaire une petite boite en pierre dure figurant, au dehors, un pauvre animal symbolique, un petit insecte, un scarabée.

« Pouah ! aurait dit un sceptique moderne. Mais en ouvrant ce modeste hiéroglyphe, on trouvait en dedans un œuf d'or pur, renfermant, sculptés dans des pierres précieuses, les Cabires, les Dieux révélateurs et leurs douze Maisons sacrées.

« Telle était l'exquise méthode suivant laquelle l'antique Sagesse renfermait pieusement dans la Parole et dans le Cœur la connaissance de la Vérité ; et cette symbolique voilée, cet hermétisme à triple sceau devenait de plus en plus savant, à mesure que le degré de la Science se rapprochait davantage du divin Mystère de la Vie universelle (1). »

De tous côtés les sciences se buttent au monde des causes premières et, faute de vouloir l'étudier scientifiquement, paralysent les progrès.

Ceci apparaît surtout clairement dans une des sciences les plus utiles à l'humanité, science qu'on est contraint d'appeler encore un art : la Médecine.

(1) Saint-Yves d'Alveydre, p. 67.

La Médecine doit étudier de si près le monde invisible, les causes premières, que tôt ou tard elle atteint leur domaine.

Dans ces derniers temps elle s'est lancée tête baissée dans le Matérialisme, protestant avec juste raison contre les rêveries de la Métaphysique dans laquelle elle gravitait. L'anatomie pathologique a victorieusement répondu à l'appel des audacieux novateurs et, entassant découverte sur découverte, a fermé la bouche aux retardataires partisans d'un animisme incompris ou d'un vitalisme sans portée pratique.

La topographie des centres nerveux découverte, l'alliance étroite de la clinique et des démonstrations physiologiques enfin opérée, la Médecine matérialiste pouvait être fière de son œuvre et allait proclamer sa victoire quand ce monde de l'invisible qu'on avait relégué pour toujours fit de nouveau son apparition.

La suggestion à distance, indiscutable malgré l'opposition systématique des retardataires, l'existence de plus en plus probable du fluide niée d'abord avec tant d'acharnement, les phénomènes produits par les spirites, étudiés et reconnus réels par les savants officiels (1) de tous pays, forcent, comme je l'ai déjà dit, les investigateurs impartiaux à aborder le domaine de l'immatériel et à augmenter par là les éléments de la future synthèse qui réunira le phénomène au nouméne.

Or, je ne crains pas d'affirmer que, quels que soient les efforts entrepris pour édifier de nouvelles investiga-

---

(1) En Angleterre, Crookes ; en Allemagne, Zœlner ; en France, le Dr Gibier. (Voy. *l'Occult. contemp.*)

tions, quels que soient les noms dont on décore les découvertes, on rentrera forcément dans le domaine de l'antique science occulte.

Que peut-il résulter de tout cela ? Une réaction contre le matérialisme plus grande encore qu'on n'en a jamais vu et, comme il est difficile d'atteindre un juste milieu, une réaction vers le Mysticisme.

C'est pourquoi je voudrais montrer que la Vérité ne sortira pas plus d'un extrême que de l'autre et faire comprendre à tous l'idée élevée contenue dans la phrase de Louis Lucas qui sert d'épigraphe à ce traité :

« *Concilier la profondeur des vues théoriques an-*
« *ciennes avec la rectitude et la puissance de l'expé-*
« *rimentation moderne* », tout est là.

Quand je pose ainsi les deux domaines dans lesquels doit graviter la Médecine, l'Idéalisme et la Matérialisme, qu'on ne croie pas que ce sont là rêveries tirées de mon imagination. Tous les maîtres ont senti cette distinction, et ceux qui affirment que l'hypothèse n'a rien à voir en science méconnaissent cette belle remarque de Trousseau :

« Dès que vous avez un fait, un seul fait, appliquez-y tout ce que vous possédez d'intelligence, cherchez-y les côtés saillants, voyez ce qui est en lumière, laissez-vous aller aux hypothèses, courez au-devant s'il le faut (1). »

Le professeur Trousseau avait bien compris l'inutilité des études médicales pour la plupart de ceux qui s'y livrent avec les méthodes contemporaines et ce sont des pages entières qu'il me faudrait citer, si je voulais montrer à quel point il s'en irrite :

(1) *Introduction à la Clinique de l'Hôtel-Dieu*, p. 33.

« Comment se fait-il donc que l'intelligence devienne plus paresseuse à mesure que les notions scientifiques se multiplient, contente de recevoir et de jouir, peu soucieuse d'élaborer et d'enfanter (1)? »

« Vous, autour de qui les moyens abondent, gâtés, énervés, rassasiés par ce qui vous est si abondamment offert, vous ne savez que recevoir et qu'engloutir et votre intelligence paresseuse étouffe d'obésité et meurt improductive.

« De grâce, un peu moins de science et un peu plus d'art, messieurs (2). »

Voilà comment ce grand maître avait senti ces deux domaines dont je parlais tout à l'heure et il les avait désignés sous les noms d'Art de la Médecine, correspondant à l'Idéalisme, et de Science de la Médecine, correspondant au Réalisme.

Tous les penseurs, je le répète, ont compris cette distinction et la physiologie proclame encore l'unité de l'imagination et de la Science par la bouche de Claude Bernard quand il dit :

« La Science ne contredit pas les observations et les données de l'Art et je ne saurais admettre l'opinion de ceux qui prétendent que le positivisme scientifique doit tuer l'inspiration. Suivant moi, c'est le contraire qui arrivera nécessairement.

« J'ai la conviction que, quand la physiologie sera assez avancée, le poète, le philosophe et le physiologiste s'entendront tous (3). »

(1) Loc. cit., p. 38.
(2) Loc. cit., p. 39.
(3) Claude Bernard (*Science Expérimentale*, p. 366).

De quelque manière qu'on juge Claude Bernard, il est impossible de ne pas lui reconnaître une merveilleuse sagacité dans la manière de conduire ses recherches. Il sentait admirablement la Vérité et il est curieux de constater la justesse avec laquelle il a vu l'inutilité du matérialisme expérimentalement parlant :

« Si ce n'était m'écarter du but de ces recherches, je pourrais montrer facilement qu'en physiologie, le matérialisme ne conduit à rien et n'explique rien (1). »

« Les propriétés matérielles des tissus constituent les moyens nécessaires à l'expression des phénomènes vitaux ; mais, nulle part, ces propriétés ne peuvent nous donner la raison première de l'arrangement fonctionnel des appareils. La fibre du muscle ne nous explique, par la propriété qu'elle possède de se raccourcir, que le phénomène de la contraction musculaire ; mais cette propriété de la contractilité, qui est toujours la même, ne nous apprend pas pourquoi il existe des appareils moteurs différents, construits les uns pour produire la voix, les autres pour effectuer la respiration, etc.; et, dès lors, ne trouverait-on pas absurde de dire que les fibres musculaires de la langue et celles du larynx ont la propriété de parler ou de chanter, et celles du diaphragme la propriété de respirer. Il en est de même pour les fibres et cellules cérébrales ; elles ont des propriétés générales d'innervation et de conductibilité, mais on ne saurait leur attribuer pour cela la propriété de sentir, de penser, ou de vouloir.

(1) *Science Expérimentale*, p. 361 (Physiologie du Cœur).

« Il faut donc bien se garder de confondre les propriétés de la matière avec les fonctions qu'elles accomplissent. » (Claude Bernard, *la Science expérimentale*, p. 429. Discours de réception à l'Ac. française.)

J'ai voulu faire ces quelques citations pour montrer qu'on peut allier, sans être un halluciné, la matière à l'idée et la Science à l'Art ; bien plus, que les Sciences générales qui sont du domaine de l'Occultisme doivent entrer pour beaucoup dans l'étude des Sciences spéciales dépendant du monde sensible.

La Science occulte a donc de ce fait une utilité pratique. Au reste, les applications qu'en a faites Louis Lucas suffiront, je pense, pour convaincre les plus incrédules.

Ce point admis, il nous reste à savoir quelles sont les difficultés que présente l'étude de la Science occulte et comment on peut parvenir à sa connaissance.

On remarquera que, dans les applications pratiques de la Science occulte, je n'ai parlé ni des pouvoirs extraordinaires qu'on pouvait acquérir par son usage, ni de la fabrication de l'or par la pierre philosophale, et cela parce que je ne considère actuellement l'Occultisme que comme une de nos sciences contemporaines et que je tiens à me baser sur des données sinon admises, du moins très admissibles par la majorité des contemporains. C'est pour cette raison que je ne veux parler des difficultés de l'étude de cette Science que dans l'acquisition de la Théorie.

Voyez les barrières qui se dressent à l'entrée de toutes nos modernes sciences, essayez d'apprendre la physique ou l'astronomie si vous ignorez les mathématiques, essayez d'apprendre la Médecine sans franchir les terribles obstacles de la nomenclature anatomique, partout vous trouverez le chemin d'autant plus fermé que ceux qui sont arrivés tiennent moins à avoir de concurrents futurs. Quand vous aurez sainement jugé ces difficultés, considérez la Science occulte et cherchez franchement s'il faut beaucoup d'études pour apprendre les grandes lois du Ternaire et de l'Unité universelle ?

La vraie science doit être accessible à tous, la lumière du jour suffit pour apprendre la Vérité et les livres ne sont trop souvent utiles qu'à faire des vaniteux.

L'érudition est une belle chose, je suis le premier à le reconnaître ; mais elle ne suffit pas, l'étude sur la Nature bien dirigée conduit plus vite au but que l'étude sur les livres.

Mais comment diriger cette étude ? C'est ici qu'il faut parler des sociétés d'initiation.

Anciennement l'instructeur se bornait à lancer le récipiendaire dans la voie qu'il préférait après l'avoir muni des connaissances suffisantes pour éclairer sa route. Les petits mystères remplissaient ce but.

Aujourd'hui les méthodes d'instruction diffèrent. L'homme qui cherche à se développer seul est considéré comme un déclassé et mérite bientôt l'épithète flatteuse, pour qui sait l'apprécier, d'original.

L'éducation ancienne visait presque uniquement à « originaliser » les gens, l'éducation moderne tend, au contraire, à grouper les intelligences par grandes classes. Aussi malheur aux déclassés !

Ceci dit, quels sont les moyens qu'un curieux peut mettre en usage en la présente année pour apprendre la Science antique ou Science occulte ?

Ces moyens sont de deux ordres différents :

1° Instruction personnelle ;

2° Instruction par les Sociétés.

L'instruction personnelle est la seule vraiment utile et le travail des Sociétés doit se borner à guider le postulant. On acquiert cette instruction en étudiant soit dans la nature, soit dans les livres une fois en possession de certaines données.

Ces données forment le fond de toutes les initiations et ce traité n'a qu'un but, c'est de faciliter la tâche des récipiendaires et des initiateurs autant qu'il est en mon pouvoir. Je ne me fais aucune illusion sur les défauts inhérents à mon travail ; mais le lecteur m'excusera, je pense, vu la difficulté de l'entreprise.

De toute manière, le chercheur consciencieux hésite toujours à suivre les conseils des livres et un guide vivant lui semble de beaucoup préférable à toutes les bibliothèques du monde.

C'est alors qu'il s'adresse aux sociétés d'initiation.

La première qui se présente à lui, c'est la Franc-Maçonnerie.

Loin de moi la pensée de considérer cette vaste association comme dénuée de tout intérêt au point de vue de la Science occulte, comme le font quelques auteurs modernes. La Franc-Maçonnerie, ainsi que je l'ai développé dans le n° 5 du *Lotus* (1), possède des symboles et

(1) *Francs-Maçons et Théosophes.*

des secrets très élevés ; mais à l'insu de ses membres. Ceux-ci ont perdu la clef qui ouvre le sens de la PAROLE mystérieuse INRI et les Rose-Croix francs-maçons peuvent continuer à pleurer cette perte. Quelques vastes intelligences, entre autres Ragon, ont fait de courageux efforts pour relever l'intellectualité de l'association au point de vue occulte ; mais comment apprendre la partie la plus élevée de la Science à des gens qui n'en possèdent pas les premières données ?

La lumière que la Franc-Maçonnerie promet à ses adeptes sous le sceau du serment le plus rigoureux, elle ne peut la donner qu'à ceux qui sont assez instruits pour l'acquérir seuls et qui, par suite, n'ont aucun besoin d'engager leur liberté.

Le curieux qui veut être vraiment initié chez les E∴ de la V∴ perd donc son temps, théoriquement parlant, quoique ce soit peut-être la seule société au monde qui lui fournisse d'aussi abondantes ressources pour la pratique journalière de la vie.

Ceci dit, nous devons toute notre reconnaissance à la Franc-Maçonnerie pour les services qu'elle a rendus à la pensée en agissant contre les sectarismes et les despotismes de toute époque.

Saura-t-elle continuer sa route sans devenir elle-même sectaire ?

Où faut-il donc s'adresser pour trouver des **guides vivants dans les études en occultisme, à défaut de la Franc-Maçonnerie ?**

Il existe une foule de Sociétés plus ou moins répandues, entre autres celles des S∴ I∴ ; mais toutes se rattachent de loin ou de près à la filiation maçonnique. Une d'entre elles seulement apparaît dans un but spécial, en ce sens que ses enseignements ne sont l'objet d'aucun serment et qu'elle est véritablement importante ; c'est la Société Théosophique.

Fondée en 1875 sous l'inspiration des Adeptes de l'Inde, gardiens fidèles de la Vérité intégrale à travers les âges, cette Société a vu le succès répondre rapidement à la loyauté de son entreprise.

Aujourd'hui plus de cent quarante branches affirment la puissance de cette Société dans les cinq parties du monde.

Partout, ceux qui ont senti l'importance que pouvait prendre l'occultisme se sont rangés autour d'elle, partout les revues et les journaux sont nés pour répandre les idées qu'elle remettait au jour dans l'Inde : c'est le *Theosophist*, dirigé par l'illustre auteur d'*Isis Unveiled*, H. P. Blavatsky ; à New-York, c'est le *Path*, dirigé par W.-L. Judge ; en Angleterre, c'est le *Lucifer*, à Londres ; *The occult World*, à Rochester, et *The Transactions of the London Lodge;* en Allemagne, c'est le *Sphinx* paraissant à Leipzig ; en Amérique, c'est encore *The occultist, The Esoteric, The Platonist* pour le Nord ; *El Teosopho* (la Plata) dans le Sud ; enfin à Paris, c'est Le *Lotus* et l'*Aurore*.

Le *Lotus* est rattaché à la branche française l'*Isis* qui constitue un excellent centre d'initiation occulte, témoin cette déclaration :

« Plus qu'en toute autre matière, l'enseignement
« ésotérique élémentaire doit varier suivant les catégo-

« ries mentales des débutants et ces derniers éprouvent
« de grandes difficultés à comprendre les ouvrages
« publiés sur la matière. Pour obvier à cet inconvé-
« nient, l'*Isis* fournira à ses adhérents qui en feront la
« demande, un instructeur spécial qui, verbalement ou
« par correspondance, dirigera leurs études (1). »

Les branches nombreuses de la Société et les Revues qui se rattachent aux idées qu'elle défend constituent des preuves, par le fait, cent fois plus convaincantes pour les contemporains que les plus belles dissertations philosophiques.

Il n'est pas nécessaire, je le répète, de suivre une inspiration quelconque pour apprendre l'occultisme ; chacun peut y parvenir seul et les sociétés ne peuvent et ne doivent servir qu'à indiquer la route que l'étudiant doit parcourir après. Ce traité suffira, je l'espère, malgré ses imperfections, pour rendre clairs et faciles à comprendre les auteurs modernes en Science occulte dont j'ai publié les ouvrages dans la petite bibliographie intitulée : *l'Occultisme contemporain*.

On verra par là que les lois que l'antiquité nous a transmises à travers ses symboles ne sont pas vaines et que, depuis la politique jusqu'à la philosophie, l'actif et le passif, l'autorité et le pouvoir, la Foi et la Science s'opposent pour mieux s'unir lors de la renaissance de la Synthèse scientifique, sociale et religieuse.

De tout temps le pouvoir a compris qu'il ne pouvait

---

(1) S'adresser pour plus de détail au secrétaire de l'*Isis*, M. Gaboriau, 22, rue de la Tour-d'Auvergne, Paris, ou par lettre, à M. Papus, chez M. Carré, éditeur.

gouverner les hommes qu'en s'emparant de leur intellectualité.

Faire servir l'enseignement au profit exclusif de ses idées, tel est le but de tout despotisme.

De tous temps il s'est trouvé des protestataires opposant l'enseignement de l'Unité intégrale à l'enseignement partiel du despote.

Empêcher le pouvoir de violenter l'initiation, tel est le but éternel de l'autorité.

La lutte de l'autorité et du pouvoir, voilà la clef de l'Histoire.

Le pouvoir, sentant que l'autorité s'oppose à sa domination, la persécute partout où il peut l'atteindre.

L'autorité sous les persécutions des despotes entoure ses enseignements du plus profond mystère.

L'antiquité nous montre les rois despotiques, s'efforçant vainement de lutter contre la science enseignée dans les mystères égyptiens.

Plus tard, les prêtres juifs, disciples du prêtre égyptien Moïse, ne comprenant plus la vérité intégrale dont ils sont les dépositaires, veulent s'opposer aux enseignements du Fils de Dieu.

Puis c'est l'Église qui s'est emparée du pouvoir. Au nom de la foi, l'Inquisition persécute comme hérétiques tous ceux qui veulent ajouter à son enseignement écourté.

L'autorité représentée par les templiers gnostiques, les alchimistes, puis par les francs-maçons, oppose ses mystères aux persécutions de l'Église.

A la Révolution française, la franc-maçonnerie arrive

au pouvoir ; le ternaire chrétien : Foi-Espérance-Charité est remplacé par son équivalent maçonnique : Liberté-Egalité-Fraternité.

Fidèle à l'éternelle loi, la Franc-maçonnerie lutte aujourd'hui contre l'Église au nom de la Science. Elle veut faire disparaître tout ce qui s'oppose à son enseignement incomplet.

Malheur à celui qui veut unir les deux inséparables : la Science et la Foi. Les fanatiques de la Foi le font disparaître parce qu'il s'appuie sur la Science, les fanatiques de la Science parce qu'il s'autorise de la Foi.

Et pourtant ne voit-on pas toujours la Lumière et l'Ombre s'unir dans la Pénombre, l'Homme et la Femme s'unir dans l'amour ?

L'Histoire tout entière nous crie que jamais le Palais n'opprimera le Temple en vain, que jamais le Temple ne subsistera s'il veut exercer simultanément le pouvoir et l'autorité.

Dans le corps humain, résumé du monde, le pouvoir est exercé par le cœur, l'autorité par le cerveau. Le cœur ne tarde pas à cesser son mouvement s'il est soustrait à l'influence nerveuse.

Le pape qui unit le temporel au spirituel, le roi qui unit la royauté à la religion sont des monstruosités par devant la Nature et leur œuvre est tôt ou tard frappée de mort.

Les monstres ne produisent que de tristes rejetons.

Au seuil de notre Histoire se dresse un prêtre d'Osiris chargé par la Providence de donner un nouveau culte à l'éternelle Religion ; Moïse, fidèle aux enseignements reçus dans les temples, annonce ainsi la Loi de la Politique.

« A l'Empire arbitral succéda l'empire arbitraire dont le nom caractéristique est la voie du tigre, Nimerod, le Césarisme.

« Ce type gouvernemental voulut dominer par la violence militaire l'État social terrestre, comme le pôle nord domine sur la planète.

« Dans ce type, le Pôle gouvernemental, le Pouvoir anarchique ou personnel, s'opposa au Règne de Dieu, à l'Ordre social qui est la Face réfléchie de IEVE dans l'Humanité.

« De là cet axiome des orthodoxes : Nimerod, l'arbitraire gouvernemental, le Pouvoir personnel et tout ce qui y a trait, est l'Opposé, l'Antipode du Règne de Dieu, l'Adversaire empêchant la physionomie de IEVE de se réfléchir dans l'État social (1). »

Aujourd'hui comme toujours, il est des hommes qui comprennent l'unité des sciences et l'unité des cultes.

S'élevant au-dessus de tous les fanatismes religieux, ils démontrent que tous les cultes sont la traduction d'une seule et même religion.

S'élevant au-dessus de tous les fanatismes philosophiques, ils démontrent que toutes les philosophies sont l'expression d'une seule et même science.

Quand ils ont montré au Catholique, au Juif et à l'Indou que leurs cultes cachent au fond les mêmes symboles, quand ils ont fait comprendre à tous que

---

(1) Saint-Yves d'Alveydre, *Mission des Juifs*, p. 296.

Jehovah, Jésus-Christ, Jupiter, Osiris, Allah et Brahma, sont différentes conceptions d'un seul et même Dieu, quand ils ont proclamé l'unité de la Foi, ils s'adressent aux philosophes.

Ils montrent aux matérialistes qu'ils n'ont vu qu'un côté de la Nature, mais que leurs observations sont justes.

Ils montrent aux idéalistes qu'ils n'ont également vu qu'une face de la vérité, mais que, de leur côté, ils ont aussi raison.

Idéalisant le Matérialisme et matérialisant l'Idéalisme, ils proclament l'Unité de la science dans l'équilibre qui résulte de l'analogie des contraires.

Puis, s'élevant encore, ils font voir que, de même que le Polythéisme et le Christianisme ne sont que deux conceptions différentes d'une même foi, de même que l'Idéalisme et le Matérialisme ne sont que deux conceptions différentes d'une même science :

De même la Science et la Foi ne sont que deux conceptions différentes de l'unique et éternelle Vérité et ils proclament l'unité de la Religion et de la Philosophie dans une même synthèse dont ils énoncent ainsi la devise :

IL N'Y A PAS DE RELIGION PLUS ÉLEVÉE QUE LA VÉRITÉ.

APPENDICE

BIBLIOGRAPHIE

APPENDICE

BIBLIOGRAPHIE DES SCIENCES OCCULTES

Je crois rendre un réel service aux chercheurs en terminant ce traité par une bibliographie des Sciences occultes, établie d'une manière spéciale.

Il aurait été, en effet, on ne peut plus facile de copier une liste d'ouvrages traitant de l'occultisme dans les catalogues connus ; mais ce travail n'aurait en rien profité au lecteur.

Nous avons établi la liste suivante de telle façon que les sujets les plus faciles à aborder puissent être étudiés d'abord et que dans chaque sujet particulier les ouvrages les moins obscurs soient cités les premiers. Ainsi le lecteur désireux d'approfondir une question spéciale, comme *la Kabbale* par exemple, peut étudier le sujet qu'il a choisi en suivant la liste des ouvrages cités. Le livre de Lenain suffira pour connaître les éléments de cette branche de l'Occulte et les ouvrages suivants donneront des détails de plus en plus nombreux et faciles à comprendre d'après les lectures précédentes. Enfin *la Kabbale* étudiée par Franck permet au lecteur arrivé en ce point de juger en toute connaissance de cause l'opinion de ce philosophe. Telle est la méthode généralement suivie dans cet exposé bibliographique.

Nous avons cru devoir de préférence citer les œuvres les plus utiles à connaître, renvoyant pour les autres aux dictionnaires bibliographiques.

Les ouvrages qui ne portent pas l'indication du lieu de publication ont paru à Paris.

Ceux qui sont précédés d'un astérisque (*) ont été cités dans la petite notice bibliographique intitulée *l'Occultisme contemporain* (1887), dans laquelle on trouvera les indications complémentaires de celles-ci.

Tous les ouvrages cités se trouvent, à peu d'exceptions près, à la Bibliothèque nationale à Paris où nous avons pu les consulter.

HISTOIRE

Fabre d'Olivet. Vers dorés de Pythagore (1813). — De l'état social de l'homme (1822). — La Langue hébraïque restituée (1815).

Dutens. Découvertes des anciens attribuées aux modernes (1812).

Moreau de Dammartin. Traité sur l'origine des caractères alphabétiques (1839).

Court de Gebelin. Le Monde primitif.

Saint-Yves d'Alveydre. Mission des Juifs (1884).
Arnold. Histoire de l'Eglise et de ses Hérésies.
Auclerc. La Treicie (an VII).
Recherches sur les fonctions providentielles des dates et des noms (1852).

FRANC-MAÇONNERIE

Baron de Tshoudy. L'Etoile flamboyante (1766).
Le Thuileur des 33 degrés de l'Ecossisme (1813).
Ragon. Tuileur général (1861). — Maçonnerie occulte (1853). — Rituels des divers grades.
Marconis. Le Sanctuaire de Memphis (1849). — Le Rameau d'Or d'Eleusis (1861). — Le Mentor des initiés (1864). — L'Hiérophante (1840).
Juge. Hiérologues sur la Franc-Maçonnerie et l'ordre du Temple.
Kauffmann et Cherpin. Histoire philosophique de la Franc-Maçonnerie (1846).
M⁺ Deschamps. La Franc-Maçonnerie (1875). — Les Sociétés secrètes (1885).
Auber (abbé). Histoire et théorie du symbolisme religieux, 4 vol. in-8 (1884).
Neut (Armand). La Franc-Maçonnerie.
Lenoir (Alexandre) La Franche-Maçonnerie rendue à sa véritable origine (1814).
Eckert traduit par **Çyr.** La Franc-Maçonnerie en elle-même et dans ses rapports avec les autres sociétés secrètes de l'Europe (Liège, 1859).
Comte Le Coulteux de Canteleu. Les Sectes et les Sociétés secrètes (1863).

Guilleman de Saint-Victor. Histoire critique des mystères de l'Antiquité (Hispahan, 1788).
Clavel. Histoire pittoresque de la Franc-Maçonnerie (1844).
Papus. Théosophes et Francs-Maçons (Lotus, 1887).

APPLICATION DES SCIENCES OCCULTES

Louis **Lucas.** Acoustique nouvelle (1849). — Chimie nouvelle (1854). — Médecine nouvelle (1863).
Hœné **Wronski.** Le Messianisme ou réforme du Savoir humain.
Michon (abbé). Système de Graphologie. — Méthode pratique de graphologie.
Paracelse. Liber Piramirum (Basileæ 1570). — Les 40 livres des Paragraphes (traduct. **Savilly**) (1631).
Kircher. Arithmologia sive de occultis numerorum mysteriis (Rome, 1665).

INTRODUCTION A L'ÉTUDE DE L'OCCULTISME

Agrippa. Philosophie occulte (la Haye, 1727).
Papus. Traité élémentaire de science occulte (1888).

OCCULTE EN GÉNÉRAL

De Foix de Candole. Pymandre d'Hermès (Bordeaux, 1759).
Delaage. La Science du Vrai (1884).
Agrippa. Philosophie occulte (la Haye, 1727).
J. Cardan. De la Subtilité.
Lacour. Les Eloïm.
Gaffarel. Curiosités inouïes (1629).

J.-B. Robinet. Considérations philosophiques sur la gradation naturelle (1768).
* Hœné Wronski. OEuvres.
* Landur. OEuvres.
Claude de Saint-Martin. Tableau Naturel (1783, Edimbourg). — Le Crocodile. — Des nombres (1861). — Esprit des choses.
De Saint-Martin. L'Aurore naissante de Jacob Bœhm.— Des trois principes de Jacob Bœhm.
Balanche. Essai de Palingénésie sociale.
* Lacuria. Harmonies de l'Être (1847).
De Tourreil. Religion fusionienne (1879).
* Lazare Augé. Notice sur Hœné Wronski (1865).
Lepelletier (de la Sarthe). Traité complet de Physiognomonie (1864).
Ménard (Louis). Hermès Trismégiste (1867).

MAGIE

Eliphas Levi. Dogme et Rituel de haute Magie. — Histoire de la Magie. — Clef des grands mystères.
Gougenot des Mousseaux. Magie au xix° siècle (1861).
Maury. Magie astrologique dans l'antiquité et au moyen âge.
Dr Sallah Ben Abdalah. Le Magisme (1857).
Schott. Magie universelle, naturelle et artificielle.
Porta. Magie naturelle (Rome, 1587).
Delrio. Dissertations magiques.
Enchiridion du Pape Léon.
Castillo. Historia y magia natural (Madrid, 1692).
Collin de Plancy. Dictionnaire infernal (1853).

LA KABBALE

Lenain. La Science cabalistique (Amiens 1823).
    Kabbala denudata (1684, Francfort).
    Sepher Jesirah (1) (1562, Mantoue).
    Artis cabalisticæ scriptores ex biblioth. Pistorii (1587).
Kircher. Œdipus Ægyptiacus (Rome, 1663).
R. P. Esprit Sabbathier. L'Ombre idéale de la Sagesse universelle (1619).
Gaffarel. Abdita divinæ cabalæ mysteria (1625).
Welling. Opus mago-cabbalisticum veterum Sophorum Sigilla et imagines magicæ (1732, Harenstadt).
Pic de la Mirandole. Conclusiones cabalisticæ.
Reuchlin. De Verbo mirifico. — De arte cabalistica Salomonis claviculæ et theosophia pneumatica (1686, Francfort).
Abendana. Cuzari (Amsterdam, 1423).
Léon L'Hébreu. Dialogues d'amour (traduit plusieurs fois en français).
Franck. La Kabbale (1863).

ALCHIMIE

Hieffer. Histoire de la Chimie (1866)
Cambriel. Cours de Philosophie hermétique ou d'alchimie en 19 leçons (1843).
Cyliani. Hermès dévoilé (1832).

---

(1) Traduit en français dans le n° 7 du *Lotus*, par Papus.

Salmon. Bibliothèque des Philosophes chimiques (1753).
Lenglet du Fresnoy. Histoire de la Philosophie hermétique.
Aurea Catena. Homeri. — Trois anciens traités de Philosophie naturelle. Les 7 chapitres dorés par Hermès (1626).
Jean de Mehun. Le Miroir d'Alchimie (1712).
Kunrath. Amphitheatrum sapientiæ æternæ.
P. Lelorram. La Physique occulte (1693).
Basile Valentin. Les Douze clefs (1660).
    L'Escalier des Sages (1689).
    Abrégé de la doctrine de Paracelse (1724).
    Le Grand Olympe.
Lepelletier de Rouen. L'Alkaest (1704).
    Archives mito-hermétiques (1780).
    Clef du Grand-Œuvre (1776).
Gaston Ledoux. Dictionnaire hermétique (1695).
Figuier. L'Alchimie et les alchimistes (1854).

ASTROLOGIE

Jean Belot. Œuvres (Liège, 1704).
A. Ferrier. Jugements astrologiques sur les nativités (Lyon, 1582).
Christian. L'Homme rouge des Tuileries (1863). — Histoire de la Magie (1870).
Ant. de Villon. L'Usage des éphémérides (1624).
    Speculum astrologiæ a Francisco Junctino (Lyon, 1581).
Julius Firmicus Maternus. Traité des Mathématiques célestes (Basileæ, 1551).
Morinus. Astrologia gallica (1661).

THÉOSOPHIE

H. P. Blavatsky. Isis unveiled (New-York, 1877).
Sinnet. The occult World. (Traduit en français par Gaboriau). — Esoteric Buddhism.
Louis Dramard. La Science occulte (1884).
Colebrooke. Philosophie indienne (Mémoire traduit par M. Pauthier).
Lady Caithness. Fragments de Théosophie occulte (1884).
Stanislas de Guaita. Essais de Sciences maudites (1886).

MAGNÉTISME

P. Millet. Cours de Magnétisme animal en douze leçons.
Gauthier. Traité pratique de Magnétisme.
* **Ricard.** (Œuvres) (1).
* **Deleuze.** (Œuvres).
* **Puységur.** (Œuvres).
Du Potet. Magie dévoilée (Saint-Germain, 1875).
Morin. Le Magnétisme et les Sciences occultes.
* **Chardel.** La Nature humaine.
Cahagnet. Magie magnétique (1850).

BRANCHES DIVERSES DE LA SCIENCE OCCULTE

PHYSIOGNOMONIE

Cardan. Le Métoposcopie (1658).

---

(1) Voy. *l'Occultisme contemporain.*

J. B. de Porta. De humana Physiognomonia (Francfort, 1866).
Delestre. Physiognomonie (1866).
Shack. Physionomie chez l'homme (1887).

ONÉICROCRITIE

(Jugement des Songes.)

Synesius. Traité sur les Songes, commenté par Cardan.
J. Thibault. La Physionomie des Songes (Lyon, 1579).
A. Julian. De l'Art et Jugement des Songes (Lyon, 1579).
Gabdorrhaman. Doctrine des songes selon les Arabes (1864).
Hervey de Saint-Denis. Les Rêves et les moyens de les diriger (1867).

CHIROMANCIE

La Chiromancie de Patrice Tricasse des Cerisais (Trad. de l'Italien, Paris, 1583, in-8).
La Science curieuse ou Traité de Chiromancie de Peruchio (1663).
Jean Belot. Œuvres (Liège, 1704).
Desbarolles. Mystères de la Main (5e édition).

ÉCRITURES OCCULTES

Trithème. Polygraphie.
Trithème. Stéganographie.
Kircher. Polygraphia.
Postel. Linguarum duodecim characteribus differentium alphabetum (1538).

François **Van Helmont.** Alphab. natur. hebraïci delineatio (Amsterdam, 1648).

Murner. Logica memorativa (Strasbourg, Bruxelles, 1509).

DIVERS

Abbé de Villars. Le comte de Gabalis (Amsterdam, 1715. — Paris, Revue *le Lotus*, 1887).

Becker. Le Monde enchanté (1694). — Le Palais de curieux (1647).

Bodin. Démoniomanie.

Vincent (de l'Yonne). Traité de l'Idolàtrie chez les Anciens et les Modernes (1850).

Etteila. Collection sur les hautes sciences (4 vol. 1783).

Guillaume de la Teyssonière. La Géomancie (Lyon, 1575).

Swédenborg. La Clef des Arcanes (1843). — Traité des représentations et des Correspondances.

EXPLICATION

DE

L'HIÉROGLYPHE ALCHIMIQUE DE NOTRE-DAME DE PARIS

Par Cambriel

« A l'une des trois grandes portes d'entrée de l'église Notre-Dame, cathédrale de Paris, et sur celle qui est du côté de l'Hôtel-Dieu, se trouve sculpté sur une grosse pierre, au milieu de ladite porte d'entrée, et en face du Parvis, l'hiéroglyphe reproduit en tête du chapitre VII de cet ouvrage, représentant le plus clairement possible tout le travail, et le produit ou le résultat de la pierre philosophale.

I

« Au bas de cet hiérophyphe qui est sculpté sur un long et gros carré de pierre, se trouvent au côté gauche et du côté de l'Hôtel-Dieu deux petits ronds pleins et saillants représentant les *Natures métalliques* brutes ou sortant de la mine (qu'il faudra préparer par plusieurs fusions et des aidants salins).

II

« Du côté opposé sont aussi les deux mêmes ronds ou *natures* ; mais travaillées ou dégagées des crasses qu'elles apportent des mines lesquelles ont servi à leur création.

III

« Et en face, du côté du Parvis, sont aussi les deux mêmes ronds ou *natures* mais perfectionnées ou totalement dégagées de leurs crasses par le moyen des précédentes fusions.

« Les premières représentent les corps métalliques qu'il faut prendre pour commencer le travail hermétique.

« Les deuxièmes travaillées nous manifestent leur

vertu intérieure et se rapportent à cet homme qui est dans une caisse, lequel, étant entouré et couvert de flammes de feu, prend naissance dans le feu.

« Et les troisièmes perfectionnées, ou totalement dégagées de leurs crasses, se rapportent au dragon babylonien (1), ou mercure philosophal, dans lequel se trouvent réunies toutes les vertus des natures métalliques.

« Ce dragon est en face du Parvis et au-dessus de cet homme qui est entouré et couvert de flammes de feu, et le bout de la queue de ce dragon tient à cet homme, pour désigner qu'il sort de lui et qu'il en est produit, et ses deux serres embrassent l'athanor pour désigner qu'il y est ou qu'il doit y être mis en digestion, et sa tête se termine et se trouve dessous les pieds de l'évêque.

. . . .

« Je dirai donc que de cet homme, qui a pris naissance dans le feu et par le travail des aigles volants (2) représentés par plusieurs fleurs formées de quatre feuilles jointes dont est entouré le bas de sa caisse, est produit le dragon babylonien dont parle Nicolas Flamel, ou le mercure philosophal.

« Ce mercure philosophal est mis dans un œuf de verre, et cet œuf est mis en digestion ou en longue coction dans l'athanor ou fourneau terminé en rond ou

---

(1) C'est là le Télesme d'Hermès et le mouvement de Louis Lucas (Papus).
(2) Distillations (Papus).

voûte, sur laquelle voûte sont placés les pieds de l'évêque au-dessous desquels se trouve la tête du dragon. De ce mercure il résulte la vie représentée par l'évêque qui est au-dessus dudit dragon.

« Cet évêque porte un doigt à sa bouche pour dire à ceux qui le voient, et qui viennent prendre connaissance de ce qu'il représente : « Si vous reconnaissez et devinez ce que je représente par cet hiéroglyphe, taisez-vous !... (1). »

(1) Cambriel, *Cours de philosophie hermétique*, pp. 30 et suiv.

FIN

TABLE DES MATIÈRES

DISPOSITION GÉNÉRALE

Chapitre	Ier		
—	II	**Théorie**	
—	III		**Réalisation**
Chapitre	IV		
—	V	**Adaptation**	
—	VI		
—	VII		

CHAPITRE PREMIER (page 9)

La Science de l'Antiquité. — Le visible manifestation de l'invisible. — Définition de la Science occulte.

CHAPITRE II (page 29)

La méthode dans la Science antique. — L'analogie. — Les trois mondes. — Le Ternaire. — Les opérations théosophiques. — Les lois cycliques.

CHAPITRE III (page 57)

La Vie Universelle. — Le grand secret du Sanctuaire. — La lumière astrale (force universelle). — L'involution et l'évolution. — L'Homme d'après Pythagore.

CHAPITRE IV (page 81)

De l'expression des idées. — Les Signes. — Origine du langage. — Les histoires symboliques et leur interprétation. — La Table d'Emeraude d'Hermès et son explication. — Le Telesme. — L'Alchimie. — Explication des textes hermétiques. — La Géométrie qualitative. — Les Noms propres et leur utilité.

CHAPITRE V (page 119)

De l'expression analytique des idées. — Tableaux analogiques. — La Magie. — Les dix propositions d'Isis dévoilée de H. P. Blavatsky. — Tableau magique du quaternaire d'Agrippa. — L'Astrologie. — Lecture des tableaux analogiques. — Adaptation du Ternaire.

CHAPITRE VI (page 151)

De l'expression synthétique des idées. — Les Pantacles. — Le Serpent et sa signification. — Méthode d'explication des Pantacles. — La Croix. — Le Triangle. — Le Sceau de Salomon. — La devise de Cagliostro. — (יהוה). — La 21ᵉ clef d'Hermès. — Les 3 langues primitives. — Le Sphinx et sa signification. — Les Pyramides. — Le Pentagramme. — Le Rectangle.

CHAPITRE VII (page 183)

La Science occulte et la Science contemporaine. — De l'Etude de l'Occultisme. — L'imagination et le Réalisme. — Bacon, Trousseau, Claude Bernard (citations). — Les Sociétés d'Initiation au xix⁰ siècle. — La Franc-Maçonnerie. — La Société théosophique. — L'*Isis* et le *Lotus*. — Il n'y a pas de Religion plus élevée que la Vérité.

Appendice. — Bibliographie générale. — Explication de l'hiéroglyphe de N.-D. de Paris (pages 203 et suiv.)

www.ingramcontent.com/pod-product-compliance
Lightning Source LLC
Chambersburg PA
CBHW051905160426
43198CB00012B/1762